本书受广西哲学社会科学"十四五"规划2022年度资助项目《数字经济赋能广西制造业高质量发展的机制与路径研究》（项目编号：22BJY007）和广西财经学院高层次人才引进项目（博士科研启动项目，项目编号：K5-21-15-00-108）的资助。

数字经济赋能制造业高质量发展研究
——以广西为例

蓝文永 ◎ 著

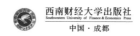

西南财经大学出版社
Southwestern University of Finance & Economics Press
中国·成都

图书在版编目(CIP)数据

数字经济赋能制造业高质量发展研究:以广西为例/蓝文永著.—成都:
西南财经大学出版社,2024.3
ISBN 978-7-5504-6136-9

Ⅰ.①数… Ⅱ.①蓝… Ⅲ.①信息经济—作用—制造工业—产业
发展—研究—广西 Ⅳ.①F426.4

中国国家版本馆 CIP 数据核字(2024)第 061296 号

数字经济赋能制造业高质量发展研究——以广西为例
SHUZI JINGJI FUNENG ZHIZAOYE GAOZHILIANG FAZHAN YANJIU——YI GUANGXI WEILI

蓝文永 著

责任编辑:孙 婧
助理编辑:马安妮
责任校对:李 琼
封面设计:墨创文化
责任印制:朱曼丽

出版发行	西南财经大学出版社(四川省成都市光华村街 55 号)
网 址	http://cbs.swufe.edu.cn
电子邮件	bookcj@swufe.edu.cn
邮政编码	610074
电 话	028-87353785
照 排	四川胜翔数码印务设计有限公司
印 刷	四川五洲彩印有限责任公司
成品尺寸	170mm×240mm
印 张	13.5
字 数	224 千字
版 次	2024 年 3 月第 1 版
印 次	2024 年 3 月第 1 次印刷
书 号	ISBN 978-7-5504-6136-9
定 价	78.00 元

序 一

广西民族大学研究生院院长　博士生导师　曾鹏教授

党的二十大报告提出，建设现代化产业体系，要坚持把发展经济的着力点放在实体经济上，同时要加快发展数字经济，促进数字经济和实体经济深度融合，打造具有国际竞争力的数字产业集群。这是自 2017 年 3 月"数字经济"首次被提及于《政府工作报告》以来的又一次重要强调。在当前的社会环境中，中国经济增长日益依赖于数字经济，这代表着数字经济不仅是创新发展的主要方向，也是产业结构转型的关键动力。自 2020 年起，中国已开始增加对包括互联网和 5G 在内的新型数字基础设施的投资，旨在提升数字经济的整体发展水平。作为国家经济的支柱，制造业的发展程度直接关系到国家的综合实力。然而，中国制造业当前正面临诸如严重污染、创新能力不足以及产业结构失衡等挑战。因此，鉴于全球制造业格局的不断变化，中国需要利用数字经济的发展机遇，促进数字技术在传统制造业中的广泛应用，以实现产业升级。

现有文献主要从全国或省级视角分析数字经济对制造业高质量发展的影响，为本书的研究提供了基础参考。但是，该领域存在三个关键研究缺口：首先，大多数研究集中于中国东部和中部地区，忽视了西部地区的独特性。考虑到中国东中西部地区之间的经济差异，研究应更加重视西部地区的特点和区域发展差异。其次，在研究方法上，大量文献依赖于理论分析和逻辑归纳，而缺乏定量分析方法的运用，导致研究手段单一。因此，采用多元化的定量研究方法是未来的关键方向。最后，在研究内容上，现有文献大多基于国家或省级的宏观数据进行分析，虽然总结了数字经济与制造业高质量发展的普遍问题，但缺少对细节和整体情况的微观数据和分析。因此，本书选取广西作为研究案例，通过量化广西数字经济与制造业高质量发展的水平，实证检验数字经济对广西制造业高质量发展的具体作用，并对其进行客观评估。本书不仅可以更准确地揭示广西数字经济与制造业高质量发展的协同效应，还可以提出具体的发展策略，为广西制造业在激烈的市场竞争中创造更多的机会和利益，并助力广西构建新的发展模式，这对现实具有重要的指导意义。

当前，广西的制造业在进行数字化转型时遭遇了多重挑战，这些挑战包括高级人才匮乏、转型策略和动力不足、数字化转型缺乏资金、领先的数字经济企业稀少以及科技创新能力迫切需要提升。综合考虑，广西制造业的发展必须充分认识到基于数字经济的多样性和动态性，以及其制造业自身的特点，如创新能力不足、资源配置效率低下、产业结构不合理、绿色转型存在挑战、经济效益质量不高和要素保障能力薄弱等。因此，本书聚焦于探讨数字经济对广西制造业高质量发展的赋能机制与路径。研究样本涵盖广西制造业的宏观层面和企业微观层面。本书对广西数字经济与制造业高质量发展面临的关键问题进行了深入分析，包括政策评估、逻辑梳理、理论框架构建和实证检验，旨在提出促进数字经济赋能广西制造业高质量发展的路径及政策建议。

本书通过明确的观点和严谨的论证，提供了既具学术价值又有实践意义的见解。首先，本书深入分析了数字经济促进广西制造业高质量发展的机制和路径，包括详细阐释了数字经济对广西制造业高质量发展影响机制的理论基础，并进一步构建了一个全面的理论分析框架。其次，为了精确描绘广西 14 个地级市在数字经济与制造业发展方面的现状，本书不仅实证考察了广西制造业企业数字化转型的情况，还分析了数字经济与制造业发展水平之间耦合协调的时空特征。在宏观层面，本书结合理论与实践，建立了一个多元化的实证分析框架，并应用多种实证研究方法对 2011—2021 年广西 14 个地级市的面板数据进行了实证检验，以明确数字经济对制造业高质量发展水平的具体影响。再次，本书还运用中介效应模型来探究实现这一影响的具体路径。在微观层面，本书通过深入分析柳工股份和福达股份数字化转型案例，探讨了它们数字化转型的动因、过程、实施路径及成效，为数字经济赋能广西制造业高质量发展的政策设计提供了关键理论和实践依据。最后，本书总结并提炼了支持数字经济赋能广西制造业高质量发展的体制和机制创新的多元要素，并在双重挤压与新时代背景下，明确提出一个分析框架，用以指导数字经济驱动广西制造业高质量发展的实现路径。

本书为学术界提供了一个创新的综合分析框架，旨在从数字经济的赋能角度深入探讨广西制造业高质量发展的实现路径。通过应用耦合模型和时间序列分析方法，本书揭示了广西数字经济与制造业高质量发展之间的耦合协调时空演化规律，从而明确了其在不同时间和空间维度上的发展特征，并突出了其在发展历史研究方面的理论贡献。本书从创新能力、资源配置效率、产业结构调整、绿色低碳发展以及经济效益五个关键维度出发，深入探索了广西数字经济推动制造业高质量发展的作用机制，并通过实证研究进行了验证。这一过程不仅凸显了本书在理论深度上的边际贡献，而且为相关领域的未来研究提供了新的视角和方法论。最后，本书基于实证研究的结论，并参考发达地区的相关经验，探讨了优化数字经济赋能广西制造业高质量发展过程中的具体路径。这一部分不仅凸显了本书在政策指导方面的实践意义，也为地方政府和决策者提供了宝贵的参考和指导。

综合评估这部专著，其构建了一个逻辑严密、清晰的主题框架，论述深入且内容丰富。该书不仅提出了新颖的观点，而且在创新方面有着明确的贡献，成功地融合了规范研究与实证研究，将理论框架与实际案例紧密结合。此外，作者广泛而恰当地引用中外文献，这不仅展示了其扎实的专业知识和深厚的理论功底，也反映了其严谨的学术态度。尽管本书在研究内容上有一定的局限性，但总体而言，它是一项较高水平的学术成果。因此，我感到非常荣幸能为这本书作序，并期待其出版能对中国数字经济赋能制造业高质量发展产生积极影响。

2023 年 12 月

序 二

桂林电子科技大学软科学研究院副院长、创新与持续竞争力研究所所长
博士生导师 蔡翔教授

近年来，中国政府先后发布了《中国制造2025》和《关于深化"互联网＋先进制造业"发展工业互联网的指导意见》等重要文件。这不仅彰显了中国政府将经济发展重心转移到实体经济，特别是制造业的坚定决心，而且勾勒出了利用数字经济解决制造业发展难题的新途径。鉴于数字经济与制造业高质量发展的复杂性和动态变化性，特别是考虑到广西制造业在其发展过程中所展现的特征，如创新能力不足、资源配置效率低下、产业结构不合理、绿色转型存在挑战、经济效益质量不高以及要素保障能力薄弱等，深入探究数字经济促进广西制造业实现高质量发展的机制与路径变得尤为关键。

本书的核心目标是解析数字经济对广西制造业高质量发展的促进作用及其具体路径。本书深入分析了数字经济在赋能实体经济方面的发展历程和成功案例，旨在为适应地区特色的经济发展策略提供有力的决策支持。此外，本书从经济、社会、环境和制度等多个维度出发，综合考虑广西地区的特定需求和条件，提出了一系列针对性的策略，旨在为广西实体经济的高质量发展提供全面的政策建议。

这部专著是在广西追求建立具有强大核心竞争力的数字经济生态体系（目标定于2025年）以及实施重大战略决策（包括扩大产业规模、优化产业结构、提升创新能力、推动智能制造和绿色转型）的宏观背景下完成的。本书详细论证了数字经济指导广西制造业高质量发展的策略选择，并将其作为广西未来进一步巩固和扩展数字经济的关键点，以充分利用其在新发展格局中的关键驱动作用，促进全面的高质量发展。本书针对广西制

造业（宏观层面）和广西制造业企业（微观层面）进行深入研究，探讨了数字经济赋能广西制造业高质量发展的机制和路径。它从理论角度构建了一个框架，用以分析数字经济对广西制造业高质量发展的作用机理，并对广西数字经济与制造业发展的现状和问题进行了深入剖析，为推动广西数字经济与制造业的高质量发展提供了关键理论和实践依据。本书的研究成果不仅为工业主管部门制定制造业高质量发展政策提供了决策支持，而且为数字经济推动制造业高质量发展的相关研究提供了理论参考，具有显著的理论和实践价值。

这部专著在理论深度和实践应用两个维度上，显著拓展了数字经济与制造业高质量发展的研究范畴。本书采用一种综合性的研究方法，结合定性分析和定量分析技术，从静态和动态的视角出发，构建了一个全面的理论框架，用以探索数字经济如何促进广西制造业的高质量发展。通过运用回归分析，本书不仅实证检验了数字经济对广西制造业高质量发展的具体影响，而且应用中介效应模型识别和验证了这些影响效应的具体路径。在研究方法论、理论构建和实际应用方面，本书均展现了创新性的思考和分析。

第一，当前在学术领域内，关于数字经济与制造业高质量发展的具体定义和内涵尚未达成广泛共识。此外，对于中国各地级市在数字经济发展中的潜在作用和影响，缺乏一项全面且系统的评估。更为关键的是，探索数字经济促进制造业高质量发展的具体机制，需要从经济、技术、政策等多个维度进行深入分析，并通过实证研究加以验证。值得指出的是，现有研究主要集中在我国的东部和中部地区，而对西部地区的研究相对较少。本书考虑到我国东中西部地区在经济发展水平上的差异，特别关注了西部地区的独特性和发展需求。

第二，本书深入分析了数字经济对制造业高质量发展的赋能机制。首先，明确界定了数字经济、数字化转型以及制造业高质量发展的概念和内涵。其次，考虑到数字经济在科技创新、资源优化配置、社会融资、监管效率提升、知识溢出和信息传播等方面的关键作用，本书探讨了数字技术如何通过创新能力提升、资源配置优化、产业结构调整、绿色低碳发展和经济效益增强五个关键维度，促进整个产业链的高质量发展。再次，本书还深入分析了数字技术如何引领创新链、制造链、销售链、供应链和服务链等生产组织模式的革新与重构。最终，本书构建了一个全面的理论框架，用以揭示数字经济赋能制造业高质量发展的作用机制。

第三，本书对广西数字经济与制造业高质量发展的现状进行了全面考察。在宏观层面，本书构建了一个综合的指标体系和耦合模型，旨在分析广西数字经济与制造业高质量发展之间的相互作用，并利用2011—2021年广西14个地级市的数据，详细解析了数字经济与制造业高质量发展的时间序列特征。此外，本书还深入探讨了数字经济在创新驱动、资源优化配置、产业结构调整、绿色低碳转型和经济效益提升等方面的影响。通过中介效应分析，本书揭示了数字经济影响广西制造业高质量发展的传导机制，并识别出数字经济提升广西制造业高质量发展水平的关键路径。在微观层面，作者首先通过实地调研、在问卷星等平台发放调研问卷以及进行深度访谈，收集了广西制造业企业的相关数据和案例材料。其次，运用SPSS软件进行描述性统计分析，并结合案例研究的质性分析，深入考察了广西制造业企业数字化转型的现状、动因和成效。

第四，本书通过结合案例研究和实证研究，深入探讨了数字经济赋能广西制造业高质量发展的传导机制、实现路径和策略。在此基础上，本书利用实证分析方法，识别出促进和制约广西数字经济与制造业高质量发展的关键因素。进一步，本书深入剖析了广西在数字经济与制造业高质量发展过程中遇到的挑战和制度性缺陷，并对这些问题进行了精确定位。此外，本书借鉴国内外类似领域的成功经验和实践，以问题为导向，提出了一系列针对性策略，旨在推动数字经济对广西制造业高质量发展的有效赋能。这些策略不仅考虑了广西的具体情况，还包括对现有政策和实践的改进建议，以期实现数字经济对广西制造业高质量发展的最大化赋能效果。

当前，尽管学术界对数字经济与制造业高质量发展的关系进行了一定程度的探索，但系统性的理论总结仍显不足，尤其是数字经济赋能制造业高质量发展方面的研究。本书基于赋能理论、产业升级理论和技术-经济范式理论等多重视角，深入剖析了数字经济如何促进广西制造业的高质量发展，并构建了一个较为完善的理论体系。本书不仅对数字经济与制造业高质量发展关系的理论有所补充，而且对管理学、区域经济学等相关学科的理论发展做出了贡献。

本书的研究成果为广西制造业的转型升级提供了具体而实用的指导建议，支持广西从传统制造业向现代制造业的平稳过渡。通过综合运用多维度分析方法，本书明确提出了数字经济赋能广西制造业高质量发展的具体实现路径和策略。这些研究成果不仅对广西的政府部门、企事业单位以及相关研究机构具有实践指导价值，而且为总结数字经济赋能实体经济的发

展进程与成功经验提供了一些参考，并为广西制造业的创新和转型提供了
科学依据和决策支持。

蔡 翔

2023 年 12 月

前　言

在我国经济转型升级的关键阶段，构建数字中国已上升为国家级战略，其中发展数字经济成为实施这一战略的核心举措。作为中国的一个重要省份，广西近年来积极响应国家战略，把握数字经济的发展机遇，利用人工智能、大数据、云计算、区块链等前沿技术，以技术融合和创新发展为驱动力，努力打造一个高速、安全、普及的系统信息基础设施网络，为数字广西的建设提供了坚实的基础。

数字经济的迅猛发展极大促进了其与制造业的深度融合。过去 5 年间，广西的数字经济增长率持续保持在 10% 以上，位居全国前列。截至 2022 年，广西的数字经济规模已超过 9 300 亿元，占全区经济总量的 35.5%。在信息和软件技术服务业产值增速方面，广西排名全国第二。广西数字企业数量达到 1.5 万家，其中规模以上工业数字经济核心产业企业有 1 280 家。此外，广西还成功认定南宁、桂林、北海、柳州 4 个城市为数字经济示范区。

虽然广西的数字经济拥有巨大的发展潜力，但现有数据和研究揭示了该地区面临的若干关键挑战：首先，产业结构的不完善是广西面临的主要难题，其中工业发展尤为薄弱；其次，广西的创新能力不足，这成为制约其经济发展的一个重要因素；最后，广西的工业经济规模相对较小，且发展模式倾向于低效率和资源密集型，这使得其转型升级的压力不断增加。

因此，在构建追求高质量发展的现代化经济体系的新时代背景下，深入探究数字经济如何促进广西制造业的高质量发展，分析其约束因素和促进要素，理解其影响机理和作用机制，以及探索实现制造业高质量发展的有效路径和策略，已成为广西在新发展格局中发挥数字经济赋能作用、推动全面高质量发展的重要理论和实践议题。

本书专注于探讨数字经济如何促进广西制造业的高质量发展。在此过程中，本书对数字经济赋能制造业高质量发展进行了精确的科学定义，并基于赋能理论、产业升级理论和技术-经济范式理论，深入分析了数字经济的跨界融合能力、成本效益、增长潜力和广泛渗透性等关键特征。通过这些理论视角，本书详细阐释了数字经济如何通过这些特性促进制造业的高效、创新和可持续发展。

在深入分析数字经济对广西制造业高质量发展的现状和挑战时，本书揭示了几个关键问题：广西地区缺乏领军的数字经济企业、科技创新能力有待加强、专业数字化人才短缺、数字化转型的资金支持不足，以及转型的决心和动力不足。为了全面评估广西的数字经济发展，本书从数字基础设施建设、应用发展水平和创新能力三个关键维度出发，构建了一个综合的评价体系，并采用熵值法来量化广西数字经济和制造业高质量发展的水平。本书还使用2011—2021年广西14个地级市的面板数据，构建了一个计量经济模型，并通过回归分析来实证检验数字经济对制造业高质量发展的具体影响。此外，本书还运用中介效应模型来确定这种影响的具体路径。实证结果表明，数字经济对广西制造业的高质量发展具有显著的促进作用。具体来说，数字经济通过科技投入效应和产业结构升级效应这两个路径促进制造业的高质量发展。

在微观层面，本书通过深入分析柳工股份和福达股份在数字化转型方面的具体案例，探讨它们转型的动机、过程、实施路径及成效。研究重点放在企业的制造、运营和营销环节，并从企业经营能力及新发展理念（创新、协调、绿色、开放、共享）的视角出发，构建了一个针对制造业高质量发展的综合评价指标体系。研究结果显示，柳工股份的数字化转型显著优化其价值创造过程并取得显著成效。具体来说，在制造环节，柳工股份增加研发投资，推动智能制造的升级，实现了更加灵活的生产模式；在运营环节，柳工股份成功实施智慧供应链管理，建立数字化办公系统，并重视数字化人才的培养；在营销环节，柳工股份积极构建数字化营销平台，创新营销策略。总体而言，柳工股份的数字化转型在推动企业高质量发展方面发挥了积极作用。同时，本书还发现，福达股份的数字化转型显著提升其财务绩效，为企业的高质量发展提供了有力支撑。从创新发展的角度观察，福达股份自实施数字化转型以来，其创新投入持续增长，创新产出也呈现出上升趋势。在环境、社会和治理（ESG）方面，福达股份的数字化转型不仅提升了其在社会责任和绿色发展方面的表现，还提高了公司的整体可持续发展能力。

本书通过对数字经济在赋能广西制造业高质量发展方面的作用机制和路径进行深入的实证分析，识别促进和制约因素，并对广西数字经济与制造业发展中的关键问题和系统性缺陷进行详细的诊断。基于此，本书提出了一系列针对性的策略建议，旨在推动数字经济赋能广西制造业高质量发展。这些建议包括：第一，加速数字广西的建设。通过构建高效的数字基础设施和创新生态系统，为制造业发展提供新的增长动力。第二，强化技术创新能力。通过投资研发和鼓励创新，塑造制造业的核心竞争优势。第三，优化资源配置效率。利用数字技术提高资源配置的效率和效果，探索制造业的可持续发展新途径。第四，促进产业结构的优化升级。通过数字化转型，推动产业结构向更高效、更环保的方向发展，激发制造业的新活力。第五，加强数字领域的监管。确保数字经济的健康发展，同时培育数字社会的良好风尚。

蓝文永

2023 年 10 月

目 录

第一章 导 论

第一节 研究背景和意义

一、研究背景

自 2017 年起，中国在政策层面高度重视"数字经济""数字化转型"以及"高质量发展"。在这个以数字技术为核心的新时代，伴随着大数据、云计算、人工智能、移动互联网和区块链等先进技术在各行各业的广泛应用，数字经济与实体经济的融合日益加深。这种融合不仅促进了企业的数字化转型，而且有效地推动了传统产业结构的优化和升级，为中国经济高质量发展提供了强劲动力。全球范围内，为加速数字经济发展，多个国家和组织已经采取积极措施。例如，美国和法国在 2015 年分别发布了《美国数字经济议程》和《法国国家数字安全战略》；英国在 2017 年发布了《英国数字化战略》；欧盟在 2020 年发布了《欧洲数据战略》；中国政府在 2019—2023 年的政府工作报告中连续五年强调数字经济的重要性。尤其在"十三五"和"十四五"规划中，我国政府明确将数字经济作为推进经济增长和高质量发展的关键战略方向，并制定了一系列政策和措施来加速这一领域的发展。

制造业是国家经济的核心支柱和关键产业，要成为制造业大国，发展具有全球竞争优势的制造业是至关重要的。过去的制造业大国都依赖于制造业的高端化进程来支撑经济的高质量增长，这一点可以从历史数据中得到证明。为了促进工业经济的持续繁荣，全球各个国家和组织都迫切需要数字经济来助推制造业的高质量发展。例如，美国在 2012 年发布了《先进制造业国家战略计划》；德国在 2013 年推出了"工业 4.0 战略"；欧盟在 2016 年启动了"欧洲工业数字化计划"。这些国家和组织都意识到数字经济对于实现制造业高质量发展具有重要作用。同时,我国也在党的二十大报告中强调坚持把发展经济的着力点放在实体经济上,推进新型工业化,加快建设制造强国、质量强国、航天强国、交通强国、网络强国、数字中国等目标。为了实现这些目标,我国将开展产业基础再造工程和重大技术装备攻关工程,鼓励专业化、特色化、新型企业的成长,促进制造业朝着高端化、智能化和绿色化方向发展。这些政策和措施将为我国制造业发展提供重要支持。

在当前经济环境下,广西制造业正面临一系列挑战,其中最显著的是传统制造模式和生产方法已不再能够满足日益增长的市场需求和产业升级的要求。这一现状已成为阻碍广西制造业进步的主要因素之一。此外,技术的滞后、产品附加值的低下、创新能力的不足以及激烈的市场竞争,都限制着广西制造业的发展。同时,广西制造业发展还面临着资源利用的约束和环境污染等可持续性问题。因此,探索数字经济如何赋能广西制造业实现高质量发展,成为解决这些实际问题和促进广西经济增长的关键。研究数字经济对广西制造业高质量发展的支撑作用,不仅具有重要的现实意义,也具有深远的理论价值。深入研究和应用数字技术于制造业,可以有效支持广西制造业的升级和转型,进而推动该地区经济的可持续和高质量发展。

二、研究意义

考虑到广西制造业在发展过程中所面临的一系列挑战,如创新能力不足、资源配置效率低、产业结构不合理、绿色转型困难、经济效益和质量不佳、要素保障能力薄弱等,广西壮族自治区政府正在积极推动制造业企业进行数字化转型。这一转型旨在提升广西制造业的整体质量和竞争力。在这个背景下,探索适合广西制造业特点的发展理论框架,遵循其发展规律,并研究数字经济如何赋能广西制造业实现高质量发展的机制与路径,不仅具有深远的理论价值,也具有重要的实践价值。

(一)理论价值

首先,现有的学术文献主要集中于分析数字经济对制造业高质量发展的影响,但这些研究往往局限于国家或省级层面的静态分析,并且更多地聚焦于东部和中部地区,对西部地区的研究相对较少。鉴于我国东、中、西部地区在经济资源配置、要素禀赋和发展历程等方面的差异，强调区域发展差异性并特别关注西部地区的独特情况是十分必要的。因此，本书旨在扩展数字经济与制造业高质量发展领域的研究视角，并对现有文献进行有效的补充，这对于深化我们对该领域的理解具有重要的理论价值。

其次，本书旨在通过综合应用多种理论框架，构建一个全面的理论模型来分析数字经济对广西制造业高质量发展的作用机制。已有研究（黄群慧 等，2019；袁淳 等，2021；李楠 等，2022）指出，数字经济能够显著促进制造业高质量发展。然而，关于数字经济如何具体赋能制造业高质量发展的深入研究仍然处于初级阶段。这一研究缺口限制了对当前蓬勃发展的企业管理实践的总结和提炼，同时也未能为正处于数字化转型探索阶段的企业提供实用指导。因此，本书将采用多元化的理论视角，从不同角度探讨数字经济对广西制造业高质量发展的具体影响，旨在丰富和完善数字经济与制造业高质量发展关系的理论框架。

总结而言，本书的目标是补充现有文献的不足，特别是聚焦于中国西部地区的独特情况展开研究。本书采用多种理论视角旨在构建一个全面的分析框架，以探讨数字经济如何促进制造业的高质量发展。这一研究不仅将深化我们对数字经济与制造业互动关系的理解，而且将为企业管理实践和数字化转型策略提供实用的指导建议。本书期望通过这种方式为数字经济与制造业高质量发展关系的理论和实践领域做出贡献。

（二）实践价值

本书综合考虑经济、社会、环境和制度等多个维度，旨在提出具体的实施路径和策略，以实现数字经济对广西制造业高质量发展的赋能作用。本书的研究成果对广西地区的政府机构、企业和研究机构在实践层面具有指导价值。

首先，本书深入探讨数字经济与制造业高质量发展之间的相互作用，旨在为广西地区的产业政策制定、创新体系构建、资源有效配置以及产业结构优化提供坚实的科学依据和决策支持。本书详细分析数字经济与制造业的相互关联性，有助于政策制定者更全面地理解数字经济对广西制造业发展的正面影响，并据此制定相应的政策措施，以促进广西制造业高质量发展。

其次，本书明确提出数字经济赋能广西制造业高质量发展的具体影响机制和路径，有助于总结数字经济在赋能实体经济方面的发展历程和成功案例。这一研究将促进广西制造业进一步提升创新能力和经济效益，并推进产业结构转型。因此，本书的研究成果不仅能为广西制造业的转型和升级提供实用的指导建议，还有助于其从传统制造业向现代制造业的平稳过渡。

综合多维度分析，本书提出数字经济赋能广西制造业高质量发展的具体实施路径和策略。本书的研究成果不仅对广西的政府部门、企业和研究机构在实践层面具有指导意义，而且为总结数字经济在赋能实体经济方面的发展历程和成功案例提供参考，从而为广西制造业的创新和转型提供坚实的科学依据和决策支持。

第二节 国内外研究观点综述

本节详细梳理了"数字经济""制造业高质量发展""数字化转型"以及"赋能"这四个核心概念的国内外研究成果。这些研究成果可归纳为六个主要领域：第一，关于数字经济的理论和实践研究；第二，关于探讨影响制造业高质量发展的各种因素的研究；第三，关于分析数字经济如何影响制造业的高质量发展的研究；第四，关于企业数字化转型策略和效果的研究；第五，关于企业如何实现高质量发展的研究；第六，关于探讨数字化转型对企业高质量发展的具体影响的研究。在对这些领域进行综合述评后，本书将确定研究的切入点，并利用现有研究成果为本书的研究方向和方法提供指导。

一、关于数字经济的研究

数字经济被多数学者视为一种新型经济形态，其核心是依靠数字化的知识和资源作为关键的生产要素（Tapscott，1996；许宪春 等，2020）。在新一代信息与通信技术的广泛创新与应用的推动下，数字经济正在蓬勃发展，并与实体经济实现深度融合。近年来，许多学者对数字经济的影响及其对经济社会产生的效应进行深入研究，这些研究主要可以分为宏观和微观两个层面。

从宏观层面来看，数字基础建设、数字产业化发展、数字技术创新和激励创新创业可以显著提升经济活跃度，从而有利于宏观经济的发展（荆

文君 等，2019；张勋 等，2021），这是数字经济本身的优势带来的。具体来说，数字经济在建设与发展过程中，通过最小化信息成本、自然承接产业链以及发挥自主创新功能等方式，能够显著优化区域制造业的产业结构，并进一步推动产业结构的升级（Wang D et al.，2017；李春发 等，2020）。陈晓东（2021）认为，产业数字化催生出可感知的智能生产模式和可视化的产业组织模式对产业结构产生了影响，促进了产业结构升级。此外，数字经济还具有示范效应，不仅能促进社会资本积累（江红莉 等，2022），还能形成示范效应，激发周边创业活跃度（周广肃，2018；郭吉涛，2022）。同时，数字经济还能通过影响市场规模、知识溢出和要素组合等方面，孵化出更多的创业机会（赵涛，2020）。另外，数字经济还可以推动城市绿色创新（张杰 等，2022），因为绿色和技术是绿色经济的两个核心要素，在绿色经济的发展过程中，数字经济可以催生新一代数字型低碳能源的绿色技术（孙全胜，2023）。

从微观层面来看，数字经济对提升企业治理水平具有积极作用（陶锋 等，2021）。首先，数字经济的发展能够缓解代理问题。数字化转型可以降低信息不对称性和管理层非理性决策程度，从而提升决策有效性和公司治理水平（Ferraris A et al.，2017；祁怀锦，2020）。在数字经济化过程中，技术治理可以拓展企业获取信息的广度和深度，增加信息透明度，提升市场竞争程度，抑制大股东的"掏空行为"（李维安，2014；张嘉伟，2023）。其次，借助数字化带来的信息高速性和透明性，企业融资双方可以打破信息闭塞局面，使得企业能够获得更多的融资机会，从而缓解融资压力（江红莉，2022；徐华亮，2023）。最后，数字经济有助于企业提高创新能力、降低成本、优化人力资源，进而直接影响企业的全要素生产率（吴德进 等，2020；赵宸宇 等，2021；任志成，2022）。此外，研究还发现，数字经济能够优化创新资源配置（沈国兵，2020；李慧泉，2022）。企业利用数字资源信息共享平台的模拟演算和精准匹配机制，能够将创新资源投入产出价值较高的产品和服务中。

二、关于制造业高质量发展的研究

国内外学者对制造业高质量发展的影响因素进行了大量的研究，如任保平和文丰安（2018）研究发现，应从科技创新、产业创新、制度创新、战略创新、促进人的全面发展等方面着手实现高质量发展。关于制造业高质量发展的研究主要从以下几个视角展开：

从企业微观视角来看，李辉（2020）提出，数字经济推动企业向高质量发展转型应构建"理念+资金+人才+平台"四位一体的支持体系。肖土盛等（2022）和刘艳霞（2022）探讨数字化的"翅膀"通过企业创新能助力企业高质量发展，通过数字化转型，企业可以利用数字信息技术改善企业劳动力配置和生产管理资源匹配，激发企业进行更多的创新活动，从而产出更多的创新成果。

从技术视角来看，众多学者基于大数据技术进步和产业发展应用，探讨高质量发展的新动能和新模式问题（Pietrobelli et al.，2011；曹正，2018；黄菲菲，2020；张弘 等，2020），认为技术创新是推动高质量发展的关键动能（汪芳，2022）。绿色技术创新水平同样正向影响区域经济高质量发展，绿色技术创新可通过释放节能减排效应、促进产业结构清洁化以及引领市场需求的方式来推动地区经济高质量发展（武云亮 等，2021；陈喆，2022）。

从制度视角来看，政策和规制框架对于促进高质量发展具有显著的推动作用。精心设计的政策措施和有效的规制实践，可以优化营商环境，进而增强企业的市场竞争力，并为经济的稳定增长提供坚实基础（曾宪聚等，2019；Szeles M R，2020）。徐晔和陶长琪（2019）研究发现，人力资本集聚和环境规制对区域创新能力具有显著的促进作用。赵卿等（2020）采用熵权 TOPSIS 法对制造业高质量发展综合水平进行量化研究，发现产业政策能够显著从制造业的经济效益和创新能力两个方面推动其高质量发展。此外，产业组织政策和产业集群政策还可以以创新和结构优化融合汇集的途径作用于制造业的高质量发展（张明志，2020）。

从区域和产业视角来看，产业布局的调整和优化能促进高质量发展（沈运红，2020；张艳萍，2021）。沈运红（2020）将数字经济水平细分为数字基础建设水平、数字化产业发展水平以及数字技术创新科研水平三个方面，依托浙江省 2008—2017 年的面板数据，运用改进后的熵值法探索这三类因素对传统制造业产业结构优化升级的具体影响，实证结果表明，三种因素均能优化制造业产业结构。毛中根（2019）构建了静、动态区位熵指数识别西部地区优势制造产业，提出发挥西部地区制造业比较优势能推动西部地区制造业高质量发展。

三、关于数字经济对制造业高质量发展影响的研究

数字经济对制造业高质量发展具有多个作用路径，包括创新能力、资源配置效率、产业结构、经济效益以及生态环境效益。这些方面的影响可以被看作数字经济对制造业高质量发展的全面促进。

在创新能力方面，信息效应、增值效应和创新效应对制造业的高质量发展起到了积极的推动作用（王文娜，2020；杜金柱，2023）。具体而言，信息技术对制造业的创新有着正向的驱动作用，迫使企业将商业模式从传统的以产品为中心转变为以数字为基础的面向服务模式（Kiel et al.，2017；Paiola et al.，2020）。制造业的高质量发展是实现经济高质量发展的基石，在数字经济时代，通过技术革新实现生产效率提升和价值延伸成为制造业高质量发展的重要内涵（陈旭升，2020）。因此，在数字经济时代，互联网技术与实体经济深度交叉融合，集中力量重点推动行业关键数字技术的创新研发，是推动"中国制造"向"中国智造"转变的重要手段（李英杰，2021）。创新驱动我国制造业迈向全球价值链要做到高端有突破、中端有规模、低端有市场（杨蕙馨 等，2023）。

在资源配置效率方面，互联网起到了重要作用，它激发企业进行新产品研发，增强供应链的协同能力，减少供应环节的交叉成本，促进要素资源的优化配置，从而推动制造业的技术进步、效率提升和组织变革（Mun et al.，2015；黄群慧 等，2019）。制造业高质量发展新理念是生产制造销售全过程中要素投入低、资源配置效率高以及经济社会效益好（田丹 等，2023）。优化制造业高质量发展的市场环境，有利于改善不合理的体制机制所导致的价格扭曲和资源错配问题（金碚，2018）。在推动制造业高质量发展方面，创新动力、改革动力和人才支撑成为内生性核心动力（余东华，2018）。例如，数字经济水平的提升通过降低生产成本，提升技术创新和资产使用效率，能够显著降低制造业资源错置和闲置程度，提高资源配置效率（何帆，2019；于世海，2022）。

在产业结构方面，数字经济对制造业升级起到显著的促进作用，能够推动地区制造业价值链的提升（纪玉俊 等，2017；石喜爱 等，2018；严北战，2020）。数字新技术的应用可以拓展产业链组织分工边界，降低交易成本，改变价值分配方式，并受到需求变化推动，进而促进经济振兴和产业转型升级（李春发，2020）。随着数字经济不断提升制造业的供给能

力和供给水平，产品质量和服务质量得到显著提高，加速新产业形成和传统产业变革，从而改善了产业结构（张于喆，2018；李英杰，2021）。此外，根据张洪昌（2023）的观点，提升制造业产业链供应链的韧性是推动实体经济高质量发展的根本途径，他强调从强链、畅链、补链、延链、连链五个方面来提升制造业产业链供应链的韧性。

在经济效益方面，数字经济具有显著的创新作用。数字化转型能够提升企业的技术水平、管理水平、智能化制造水平，并通过扩大规模经济提高全要素生产率，从而增强经济的内生增长动力（Saunders A et al.，2009；李晓华，2019；涂心语，2022）。数字经济是范围经济，其中市场占有率和用户数量是实现范围经济的基础。通过加强范围经济的基础，满足用户个性化需求能够实现经济效益的正向反馈（丁志帆，2020）。同时，数字经济还具有配置效应，改变制造业的信息化路径和知识获取方式，改变制造业资源与需求的匹配模式，有利于提高企业的生产效率，从而降低成本，增加价值（Acemoglu et al.，2020；王永龙 等，2020；杜传忠 等，2021；田鸽 等，2022；李楠 等，2022）。

在生态效益方面，数字技术具有高科技含量和低环境成本的特点，能够发挥重要作用（马兆良 等，2023）。数字赋能能够促进制造业实现生产和环境的协调，推动制造业向绿色转型（戴翔，2022）。绿色全要素生产注重经济与生态的可持续性发展，数字经济通过降低资源消耗、减少环境非必要产出、优化资源配置等方式提高产业的绿色全要素生产率（郭秋秋，2022；李诚浩，2023）。数字化和智能化转型使制造业更加专注于绿色技术的研发和应用，致力于降低对环境的污染和资源的消耗，从而推动制造业的绿色发展（Wang L，2017；蒋煦涵，2023）。同时，数字技术在东部地区、具有金融背景的高管以及两职分离的高端制造企业中的作用效果更为明显。

四、关于企业数字化转型的研究

当前对企业数字化转型的研究是多方面的，包含了内涵、特征以及影响因素等。数字化转型先后经历了萌芽期、发展期、高速增长期，从注重数字技术延伸为涉及企业战略、商业模式、组织结构的全方位变革，具有跨学科特性（严子淳 等，2021）。就内涵而言，数字化转型包括生产工具的数字化渗透、商业活动的数字化创新和生产关系的数字化重构（Negroponte，1997）；企业的 IT 技术能力、战略选择以及所处行业的成熟度等因素都驱动着企业开展数字化转型工作（Ruggieri et al.，2018）；数字化转型的核心就是将数字技术与企业生产、物流、研发、销售等环节进行深入融合，进而推动企业实现全价值链的转型升级（肖静华，2017）；从数字化转型的效果来看，数字化转型可以提升企业的流通效率、生产效率以及管理效率，降低企业的生产成本、交易成本，推动企业的技术和管理模式实现创新（刘东慧 等，2022）。数字人才、政府政策、信息技术等方面对数字经济的发展有着深远影响。人才是数字化发展的重要驱动力量，我国企业实现数字化转型面临重重困难，亟待创新型人才来突破发展瓶颈（杨书燕 等，2023）。政府对数字经济的发展起到指导和保障作用，建立完善的数字经济法制体系有利于为数字化转型创造一个安全的发展环境（陈兵，2020）。信息技术是数字经济的发展动力，能够为数字化发展提供源源不断的动力（L'Hoest，2001）。

五、关于企业高质量发展的研究

企业是助推经济高质量发展不可或缺的力量，学者们主要从高质量发展的影响因素及其衡量标准层面对企业高质量发展进行探讨。制造业高质量发展主要体现在创新能力提升、生产效率提高、供给质量优化、绿色发展水平提高几个方面（刘靖宇 等，2023）。在宏观层面，高质量发展衡量标准包括经济发展的有效性、协调性、创新性、持续性、分享性等方面（任保平 等，2018）。在企业微观层面，构建"理念+资金+人才+平台"四位一体的支持体系有利于推动企业向高质量发展转型（李辉，2020）。企业可以通过完善内外部治理机制推动创新发展水平与创新质量的提升，进而驱动企业高质量发展（孙自愿，2021）。在技术层面，技术创新是推动高质量发展的关键动能（汪芳，2022）。在制度层面，产业政策可以显著推动制造业高质量发展（张明志，2020）。在区域和产业层面，产业布局的调整和优化能促进高质量发展（沈运红，2020）。在高质量发展衡量标准方面，学者们主要利用全要素生产率或研发创新等单一指标来衡量企业高质量发展（肖土盛 等，2022）。制造业高质量发展的测算方法目前没有形成共识，陈盼（2022）认为，可以从经营能力及新发展理念的视角构建制造业高质量发展的指标体系。

六、关于数字化转型对企业高质量发展影响的研究

随着数字化转型成为学术热点，数字化转型背景下的高质量发展问题也备受关注，学者们对这方面的研究可以分为理论与实证角度，还可以分为宏观、中观、微观角度。

从理论与实证角度看，在理论层面，梳理相关文献发现，数字化转型从短期来看能影响制造业企业价值重塑，从长期来看能影响其价值创造（王会文 等，2023）。数字化转型不仅能够通过提高生产效率、管理效率、创新效率来促进企业高质量发展（赵燕，2022），还能通过降低经营风险、缓解融资约束和减少代理成本显著降低债务违约风险，进而驱动企业高质量发展（王守海 等，2022）。在实证研究层面，学者们从不同城市、企业、行业等角度进行研究，发现数字化转型能够显著提升企业和城市整体的制造业生产率，提升程度受企业规模、区域位置、城市规模等方面的影响（李治国，2021）。数字化转型对制造业不同细分行业的影响程度不同，对机械设备制造业影响较大（陈楠，2021）。数字化转型可以显著提升制造业企业资源配置效率，对中西部地区的影响显著，对东部地区的影响不显著（韦庄禹，2022）。

从宏观、中观、微观角度看，在宏观层面上，数字化转型推动经济高质量发展的主要路径为改变生产关系和供给体系，数字经济可以通过提高资源配置效率、创新社会生产力等方式为经济高质量发展提供动力（任保平 等，2022）。在中观层面上，数字化转型通过"工业云"等先进的数字技术可以实现制造业和数字经济产业的有效融合，为经济高质量发展注入活力（郑瑛琨，2020），两者的融合能够显著提高生产效率，促进企业实现产业结构转型升级（李英杰 等，2021）。在微观层面上，数字化转型对企业的战略规划、业务流程、运营环境等方面进行了深入改革，为企业的高质量发展创造了可能性（王金秋 等，2021）。企业数字化转型为制造业提供数字化、网络化和智能化的新动力，构建了全面互联、数据驱动的智能制造新体系（杨晓，2021）。

七、研究述评

本书通过对现有研究的系统性分析，识别出数字经济对制造业高质量发展影响研究中的关键研究缺口。首先，尽管众多研究已经涉及数字经济

与制造业高质量发展的评估指标和促进策略，但对于二者之间的动态相互作用及其在时间和空间上的耦合协调特征的深入探讨仍然不足。这一研究不足可能导致对数字经济与制造业高质量发展协同效应的忽视，进而不能充分挖掘数字经济在推动制造业高质量发展方面的潜力。

其次，现有研究在探讨数字经济对制造业高质量发展的内在机制时，尚未充分考虑新发展理念的影响。特别是缺乏从创新能力、资源高效配置、产业结构优化、绿色低碳发展和经济效益提升五个维度的深入分析。这一研究不足可能会阻碍我们在数字经济快速发展的背景下，形成有效的制造业高质量发展策略。

再次，关于数字经济与制造业高质量发展的概念界定，学术界尚未形成共识。同时，现有研究对于中国地级市层面数字经济对制造业高质量发展的赋能作用缺乏全面和系统的评估。此外，现有研究在分析数字经济对制造业高质量发展的作用机制时，多角度的视角和实证支持不足。尤其是对西部地区的研究相对较少，而考虑到中国东、中、西部地区经济发展的差异，特别是不同省份企业数字化水平的差异（林树 等，2023），研究应更加关注西部地区的特殊性。

最后，大多数现有研究依赖于国家或省级的宏观数据，虽然总结了数字经济推动制造业高质量发展的普遍问题，但在深入揭示两者关系的细节和全貌方面，缺乏微观层面的数据和分析框架。因此，未来研究应更加关注西部地区的特殊情况，采用结合定性和定量方法的研究策略，并引入更细致的数据和分析框架，以全面深入地理解数字经济对制造业高质量发展的具体影响。

第三节　研究内容与技术路线

一、研究内容

本书严格遵循"理论分析—机制研究—实证检验—路径探究"的研究逻辑，综合运用赋能理论、产业升级理论、技术-经济范式理论等多个理论视角，深入探讨数字经济对制造业高质量发展的影响。在宏观层面，本书聚焦于数字经济在广西制造业高质量发展中的现状和作用机制；在微观层面，本书通过案例分析方法，选取广西地区具有代表性的传统制造业企业（柳工股份）和高新技术制造业企业（福达股份），深入研究这两家企业在数字化转型过程中如何实现高质量发展。鉴于现有理论研究的局限性和企业实践中的迫切需求，本书围绕核心问题，从以下三个方面展开研究：

（一）作用机理分析框架

本书首先对数字经济、数字化转型以及制造业高质量发展的概念进行精确界定。结合数字经济的核心特征，本书引入赋能理论、产业升级理论、技术-经济范式理论等，以深入分析数字经济对制造业高质量发展的作用机理。本书特别关注数字技术如何在传统制造业中，通过提升创新能力、优化资源配置、调整产业结构、促进绿色低碳发展和提高经济效益五个关键维度，赋能整个产业链。此外，本书还将探讨这些变革如何影响创新链、制造链、销售链、供应链、服务链等生产组织模式的重塑。

（二）现状考察与实证检验

在宏观层面，本书将分析广西地区数字经济与制造业高质量发展的现状及存在的问题。为了全面评估广西14个地级市在这两方面的发展水平，本书首先基于数字经济与制造业高质量发展的特点，构建了一套详尽的评价指标体系。其次，通过运用静态面板模型和动态面板模型，对数字经济对制造业高质量发展的直接和间接影响进行实证检验。在微观层面，本书将通过对广西地区制造业企业的实地调研，收集相关数据和案例材料，以探索企业数字化转型对其高质量发展的具体影响。这些研究成果将为广西地区制定针对性政策提供科学依据，以促进数字经济更有效地赋能广西制造业高质量发展。

（三）实现路径与对策建议

基于案例研究和实证研究的发现，本书将结合理论分析和实证结果，针对广西数字经济赋能制造业高质量发展中识别的关键推动因素和制约因素，进行深入分析。本书将详细剖析广西在数字经济与制造业高质量发展过程中遇到的问题和制度性缺陷，并提出针对性的解决方案和具体实现路径。

二、技术路线

本书采用跨学科理论整合的方法，遵循"提出问题—分析问题—解决问题"的研究逻辑，首先识别并界定研究课题，这一过程基于广西数字经济与制造业发展的特点和实际需求，同时考虑到现有研究的局限性。其次，沿着"理论框架构建—现状考察与实证分析—实现路径与对策建议"的逻辑路径，深入探讨数字经济对广西制造业高质量发展的促进机制。最后，提出一套针对性的对策建议和实现路径，以促进数字经济对广西制造业高质量发展的有效赋能。本书的技术路线如图1-1所示。

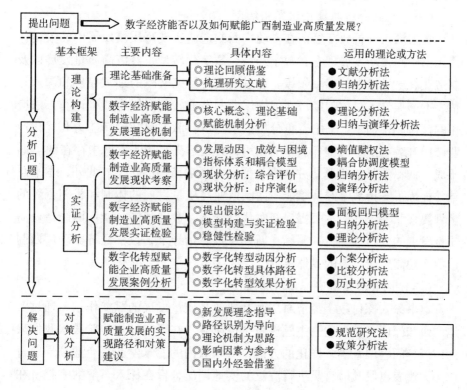

图1-1　本书的技术路线

第四节　研究方法与创新之处

一、研究方法

为了满足研究的需求，本书采用了一系列综合性研究方法。首先，结合文献分析与理论研究，深入探讨现有文献中的关键理论和观点，以建立坚实的理论基础。其次，通过融合调查研究与实证方法，收集实际数据，以验证理论假设并提供实证支持。此外，还结合专家咨询与类比归纳方法，通过与相关领域专家的深入讨论，提炼出关键见解，并将其与类似情境进行比较，以增加研究的广度和深度。最后，运用比较研究与历史分析的方法，对不同时间段或不同背景下的案例进行对比，以揭示趋势和模式的演变。这些方法的综合运用旨在确保研究的全面性和准确性。

（一）文献分析与理论研究相结合

本书深入分析数字经济在推动广西制造业实现高质量发展中的关键作用。书中涵盖新发展理念、数字经济、数字化转型、经济高质量发展以及制造业高质量发展等多个领域。通过对现有研究文献的细致梳理和深入评估，本书加强了对数字经济在促进广西制造业转型升级中的理论和方法应用的探讨。特别是，书中着重分析数字经济在激发科技创新能力和优化产业结构升级这两个关键环节中的作用，旨在解决制造业发展中存在的"高不成、低不就"的难题，并实现从低端向高端市场的转型。此外，本书总结并提炼了支持数字经济赋能广西制造业高质量发展的体制和机制创新的多种要素。基于此，本书提出新时代背景下，数字经济赋能广西制造业高质量发展的分析框架，并明确在新发展理念指导下，数字经济驱动广西制造业实现高质量发展的具体路径。

（二）调查研究与实证方法相结合

本书深入探讨数字经济对广西制造业高质量发展的赋能作用，通过实地调研和深度分析对这一主题进行全面阐述。在研究的初步阶段，我们采用访谈、问卷调查等多样化的方法，对领域内的专家学者、企业领导、行业协会代表以及政府官员进行广泛的实地调研，旨在深入了解数字经济在赋能广西制造业高质量发展方面的现状、比较优势，以及创新要素的演变趋势。同时，我们也关注到广西制造业在追求高质量发展过程中所面临的主要挑战。进一步地，本书从实践的角度出发，探讨以科技和信息技术为基础，特征为智能化、数字化、服务化、定制化和开放性的制造业在新发展理念下的影响和变革。此外，本书还深入分析这些变革对广西制造业高质量发展的影响，以及其背后的作用机制。为了更准确地评估广西数字经济与制造业发展水平，本书基于收集的历史资料和统计数据，运用计量模型进行实证研究，旨在揭示数字经济与广西制造业高质量发展之间的关系，以及数字经济对广西制造业高质量发展的直接效应和作用机制。最后，本书通过具体分析数字经济对广西制造业高质量发展的直接影响和作用机制，为进一步推动广西制造业的发展提供科学依据和策略建议。

（三）专家咨询与类比归纳相结合

在研究过程中，我们将专家咨询作为一个关键环节，以确保从多维度深入理解与本书研究相关的最新研究动态和实际应用。为此，我们积极与该领域的知名专家学者进行交流，参与各类学术会议，以促进深入的讨论和思想碰撞。此外，我们也访问了政府管理部门的相关工作人员，以获得更全面和精确的信息。这些咨询活动不仅丰富了我们的研究视角，还有助于我们不断完善和校正研究成果，确保其科学性和可靠性。同时，我们通过广泛查阅相关文献和对类似资料进行综合对比分析，进一步提炼研究的理论内涵和实践价值。基于这些深入的分析，我们提出了既具针对性又富有时代感的研究结论和对策建议。这些结论不仅建立在坚实的理论分析基础之上，而且融合了丰富的实践经验，从而具备较强的现实意义和指导作用。本书提出的对策建议充分考虑了当前的时代背景和特点，旨在为政策制定提供有力的参考和支持。

（四）比较研究与历史分析相结合

本书采用了结合比较研究和历史分析的方法，旨在深入探索广西在数字经济和制造业发展方面的特有战略与策略。首先，对广西与其他省份在数字经济和制造业发展战略方面进行比较分析，旨在识别广西在其发展轨迹中的优势和潜在不足，为进一步的战略规划提供依据。其次，与国内外发达地区进行比较研究，深入探讨数字经济如何助力制造业实现高质量发展，包括路径选择和地位演变的趋势。同时，通过对历史数据和案例的综合分析得出一系列有价值的结论。这些结论不仅能够揭示广西制造业在追求高质量发展过程中的历史经验，而且为广西制造业在全球价值链中向高端迈进提供了重要的战略指引和政策设计参考。这些研究成果对于广西制造业的未来发展具有重要的指导意义，有助于政府制定更为精准和有效的发展策略。

（五）案例研究法

案例研究法作为一种深入探究并解决具体问题的研究方法，强调将研究问题紧密结合于特定情境之中，即实际现象与其所处环境之间的密切关联（Eisenhardt，1989；Yin，2014）。与大规模统计抽样调查相比，案例研究法特别适用于观察企业的纵向变化。通过深入分析具体案例，可以洞察制造业高质量发展的趋势。此方法可以结合面对面访谈、实地观察、文献资料等多种数据来源，以详细描述现象为基础，运用分析性归纳法来解释现象或构建理论。研究者在此过程中需保持对所收集数据的客观态度（Eisenhardt，2007；Yin，2014）。因此，本书在新时代背景下，对制造业的关键领域进行了专题性和案例性的研究分析，以广西工程机械行业的龙头企业柳工股份和高技术制造业代表福达股份的数字化转型为案例，详细描述了这些企业数字化转型的动因和实施路径。进一步地，本书探讨了企业数字化转型促进高质量发展的影响规律，旨在揭示数字化转型对企业高质量发展的影响机制。这样的研究方法能够确保研究成果的针对性和前瞻性。

二、创新之处

本书深入探讨了数字经济发展如何为制造业的高质量发展注入新的动力，特别是分析了数字经济对广西制造业高质量发展的影响机制。本书的研究成果不仅具有重要的理论价值，对实践也具有显著的指导意义。本书将数字经济与制造业高质量发展紧密相连，通过深入分析，揭示了二者之间的相互作用和影响路径。本书采用的研究方法具有广泛的适用性，不仅适用于制造业，还可以扩展应用到其他产业领域。本书的创新之处主要包括：

第一，本书采用耦合协调度模型对广西数字经济与制造业的高质量发展水平进行动态评估，目的是全面分析广西数字经济与制造业高质量发展的现状。首先，本书针对现有的省级和地级市数字经济发展评估体系中存在的不足，综合前人的研究成果对其进行了改进和完善，从而构建了一个更为科学的评价体系。其次，为了更准确地描绘广西14个地级市数字经济的发展情况，本书特别关注广西制造业企业的数字化转型进程以及数字经济与制造业之间的耦合程度。当前，对这些领域的研究还相对有限，因此，本书的研究成果为这一领域提供了新的学术视角和见解。

第二，本书采用中介效应分析方法来检验数字经济对广西制造业高质量发展的传导路径。在现有文献中，尚未发现有研究采用科学方法深入探讨数字经济对广西制造业发展的驱动作用，尤其是在分析数字经济与制造业之间的中介作用机制方面。特别是，探索制造业产业结构的优化与升级方向，是一个值得深入研究的问题。为此，本书整合经典理论，并应用中介模型来验证基于科技创新投入和产业结构优化升级的作用路径。在实践层面，本书旨在构建一条有效的数字经济赋能制造业高质量发展的路径，为广西制造业供给侧结构性改革提供决策支持。

第三，本书选取广西地区具有显著代表性的先进制造企业——柳工股份和福达股份，作为案例研究对象。本书采用纵向探索性案例研究方法，旨在深入剖析这些企业如何通过数字化转型实现高质量发展，包括动因分析、转型过程的动态描述、路径规划以及成效评估。通过对现有文献的系统检索，我们发现国内关于先进制造企业数字化转型的实证研究多依赖于引用国外理论框架，并结合国内数据进行验证。这一现象揭示出国内研究在创新管理理论，尤其是结合广西本土情境的理论创新方面的不足。尽管广西企业在多个领域取得了显著成就，但关于其创新实践方面的理论研究仍显滞后。全面理解企业持续竞争优势和绩效差异的根源，需要对企业进行全面的跟踪调查和系统分析。鉴于战略特性的难以量化，案例研究成为一种理想的研究方法。如 Eisenhardt（1989）所指出的，案例研究能够提供深入的企业运行机制、决策过程分析以及企业如何在实践中应对挑战并取得成功的策略。这种方法不仅能提供具体的实证数据和详细的情境描述，还有助于我们更准确地理解广西企业的发展现状和经验教训，可以为管理实践和理论研究提供坚实的支撑。

第四，本书以广西数字经济赋能制造业高质量发展为核心目标，提出了一条综合性的实施路径，即"五力合一"模型。该模型旨在通过以下五个方面实现目标：①创造制造业发展的新动力源泉；②塑造制造业发展的新竞争优势；③探索制造业发展的创新路径；④激发制造业发展的新动力；⑤培育数字社会的新风尚。为实现这些目标，广西应充分利用其区域优势，加大对数字经济的投资，促进制造业与数字经济的深度融合，从而提升制造业的附加值和市场竞争力。此外，本书还提出了具体的政策建议，包括加强数字技术的研发和应用、强化人才培养和引进等措施，以促进广西制造业的高质量发展。这一研究方向不仅凸显了对政策制定的实践贡献，也体现出本书的独特价值和创新性。

第二章　基本概念与理论基础

本书旨在深入探讨数字经济如何通过特定机制和路径促进广西制造业高质量发展。为此，本书首先科学界定"数字经济""数字化转型"以及"制造业高质量发展"几个核心概念的定义，确保研究的准确性和深度。其次，系统地分析与数字经济相关的赋能理论、技术-经济范式理论、信息不对称理论、信号传递理论等关键理论框架，以及产业升级理论、高层梯队理论等与制造业高质量发展紧密相关的理论。本章的理论分析不仅为本书提供了坚实的理论基础，也为广西制造业数字化转型提供了理论指导和实践参考。

第一节　基本概念界定

根据研究需要，本节对所选取的三个基本概念"数字经济""数字化转型""制造业高质量发展"进行界定。

一、数字经济

1996 年，美国学者泰普斯科特（Don Tapscott）首次明确提出"数字经济"这一概念，强调信息技术在促进经济快速发展中的关键作用。初期，学者们如 Lane（1999）和 Cohen（2000）主要将数字经济理解为信息技术和电子商务的应用。随着时间的推移，数字技术的快速进步促使学术界对数字经济的内涵进行了更深入的探讨和扩展。例如，Miller（2005）、经济合作与发展组织（OECD，2012）、中国信息通信研究院（2017）和美国经济分析局（BEA，2019）等都对数字经济与数字技术之间的关系进行了深入分析。数字经济的发展不是局限于数字化技术的应用，而是扩展到整个数字化产业，催生出多样化的经济活动、新兴业态和模式。尽管如此，由于缺乏广泛认可的标准，数字经济的定义存在测量上的难度和挑战。鉴于此，本书提出一个较为全面的定义：数字经济是一个以数字化知识和信息为核心生产要素，以先进的数字技术为主要驱动力，以现代信息网络为关键平台的经济体系；它通过深度融合数字技术与传统实体经济，推动经济社会向数字化、网络化和智能化转型，从而加速重塑全球经济发展和治理模式。

与以土地、劳动力、资本和石油为关键生产要素的农业经济和工业经济不同，数字经济以数据作为核心战略资源，这一转变得益于技术创新、政策发展、企业需求增长以及人才红利的共同推动（王旭烨 等，2023）。在这个背景下，数据不仅成为关键的生产要素，而且催生了新的技术经济范式，即数字技术-经济范式。数字经济的构成可以分为四个主要部分：①数字产业化：指信息通信产业的发展，涵盖电子信息制造业、电信业、软件和信息技术服务业、互联网行业等。②产业数字化：指传统产业通过应用数字技术实现的产出增加和效率提升，它包括但不限于工业互联网、智能制造、车联网、平台经济等融合型新产业、新模式和新业态。③数字化治理：它涉及多元化治理模式，特别是将"数字技术+治理"相结合的技术管理模式，以及数字化公共服务等领域。④数据价值化：包括数据采集、数据标准制定、数据确权、数据标注、数据定价、数据交易、数据流转、数据保护等多个方面（尹艳红，2023；杨秀云 等，2023）。

二、数字化转型

在数字经济时代，企业正通过利用数字技术来优化其核心业务流程，并构建创新的商业模式以适应这一时代的发展需求。随着数字技术的持续进步，其应用已广泛扩散至多个行业和领域（彭刚 等，2021；郭金花 等，2023）。此外，各级政府对企业数字化转型的重要性给予了高度重视，并为其发展提供了明确指导方向。在这种背景下，学术界对数字化转型进行了深入研究。例如，陈劲（2019）指出，企业通过数字化转型能够改变传统的工作方式；徐蒙（2020）强调了数字化转型与企业创新之间的相互促进关系；陈冬梅（2020）提出，企业进行数字化转型的动因之一是重构其商业模式；王春英（2021）则认为，企业可以通过数字技术实现业务流程的全面数字化，从而影响企业的各个层面。对于制造业来说，数字化转型尤为关键。它不仅能够帮助企业改进生产模式，降低人工成本，还能显著提高企业的经营效率。数字化转型使得企业能够在整个价值链中实现优化,从生产、研发到运营和管理等各个环节都能实现效率提升和成本降低。

当前,传统制造业在数字化转型的过程中主要聚焦于两个关键领域:生产和管理(杜传忠 等,2021)。在生产环节的数字化转型方面,为了适应消费者对个性化产品的需求增长,传统制造业正在从重视量产转向强调研发创新。这一转变涉及利用数字技术将研发活动整合到产品的整个生产流程中,从而实现更灵活、定制化的生产(王和勇 等,2022;黄经南 等,2023)。通过这种方式,企业能够以客户需求为中心,利用数字技术进行数据收集和处理,不仅能提高产品的定制化程度,还能增强客户对生产过程的了解和参与,从而显著提升客户满意度。在管理环节的数字化转型方面,企业正积极采用数字技术来获取和分析数据资源,以此辅助管理决策。这种做法有助于优化企业的采购、研发和生产流程,提高资源使用效率,同时降低运营成本(Wei et al.,2021)。综合现有文献,本书将数字化转型定义为:企业运用数字技术和思维方式,对其在行业、组织和个体等各个层面的工作流程进行调整、优化或根本性改革的过程。这一过程的目标是赋予企业竞争优势。

三、制造业高质量发展

自中国共产党第十九次全国代表大会首次明确提出"高质量发展"这一战略以来,众多学者投入对其深层含义的探索中。尽管如此,当前学术界对于这一概念的理解尚未达成统一。基于现有研究,高质量发展应建立在坚持新发展理念的基础上,旨在解决中国社会主要矛盾,追求经济的高效率、公平性、绿色可持续性(金碚,2018;李金昌 等,2019)。在制造业高质量发展的定义方面,目前尚缺乏一个广泛认可的标准。因此,本书提出,制造业高质量发展应遵循新发展理念,以供给侧结构性改革为核心,需求端改革为导向,致力于提升制造业的效率、质量和动力转换,以实现更高水平的发展。本书聚焦于广西地区制造业,从宏观层面(广西制造业行业)和微观层面(广西制造业企业)进行了深入分析,包括对广西制造业整体发展趋势的宏观评估,以及对单个企业在高质量发展过程中的策略和实践的微观研究。

在宏观层面上,制造业高质量发展可以被视为一个涉及技术升级的过程，这一过程将使得产业结构合理化和高级化。根据配弟—克拉克的产业结构演化理论（1940）和霍夫曼定律（1931），制造业正在经历从服务化向更高加工度和技术密集型的转变。学者们通常采用技术密集型和资本密集型制造业的比重来衡量制造业结构的高级化，或者使用行业技术复杂度作为衡量标准。经济合作与发展组织（Organization for Economic Co-operation and Development，OECD）根据技术密集程度将制造业分为低端、中低端、中高端和高端技术产业四个类别，并使用中高端产业的比重来评估一个国家制造业结构的高级化程度。此外，制造业结构的合理化通常通过泰尔指数来衡量，该指数能够反映产业间的协调能力增强和关联水平提升。胡鞍钢等（2016）通过分析高技术制造业的增加值、全球价值链视角的出口增加值比重以及国际比较，得出结论认为，中国制造业的产业结构高级化程度已达到较高水平，并在2015年超越了美国。任保平和李禹墨（2019）指出，在经济动力转型阶段，制造业价值链的延伸是实现制造业高质量发展的关键。

在微观层面上，制造业高质量发展可以被视为企业层面的创新和发展。在制造业高质量转型的过程中，企业的技术进步和自主创新能力成为关键的微观驱动因素。只有当越来越多的传统制造企业实现产品品质的提升和业务模式的转型升级时，制造业高质量发展才能得以实现。因此，制造企业的创新发展是实现整个行业高质量发展的核心（樊自甫 等，2022）。黄速建等（2018）的研究指出，企业高质量发展与国家经济高质量发展密切相关。达到这一目标的关键在于培养一批具备强大自我驱动力和创新能力的企业，以摆脱依赖低端发展模式的局限。薛菁（2022）通过对433家制造企业的跟踪研究发现，制造业高质量发展应当以重视创新、调整结构、转变经营方式、提高产品质量、增加经济效益、降低能源消耗为指导原则。制造企业的绩效水平、生产能力、创新能力以及其在全球价值链中的定位等因素共同构成制造业企业高质量发展的核心要素。

第二节　理论基础

数字经济具有技术属性和经济业态，是当前经济高质量发展的新增长点，也是传统产业部门转型升级的突破口。本章对赋能理论、产业升级理论和技术-经济范式理论等相关理论基础进行内容梳理、趋势分析和意义评价，旨在总结数字经济与制造业相关研究的理论渊源，有助于第三章的理论框架搭建。

一、赋能理论

"赋能"这一概念的历史可追溯至 20 世纪 20 年代，由管理思想家玛丽·帕克·芙丽特（Mary Parker Follett）首次提出。1924 年，芙丽特明确地阐述了"赋能授权"（empowerment）的理念，这一理念强调通过建立员工授权机制来促进组织内部的权力分配和能力提升。与传统的等级森严的组织结构相比，芙丽特认为民主化的管理方式更能促进组织的整体发展。此外，道格拉斯·麦格雷戈（Douglas McGregor）在 20 世纪 60 年代提出的"XY 理论"也对赋能理论产生了重要影响。麦格雷戈将管理者对员工的态度划分为 X 型和 Y 型两种，其中 Y 型管理者更倾向于赋予员工自主权，相信员工具有积极的动机和自我管理的能力，这一观点为赋能理论的进一步发展提供了理论基础。

近年来，随着生产和生活方式的演变，赋能理论在企业管理领域取得了显著进展。特别是在数字经济的推动下，高质量发展成为赋能理论研究的重要议题。在这一背景下，"技术赋能""数据赋能"和"流量赋能"等新概念应运而生，这些概念强调以提升企业核心价值为导向的创新活动，逐渐取代传统的"赋权"思想。任保平和何厚聪（2022）从微观、中观、宏观三个层面分析我国经济高质量发展的理论逻辑，进一步丰富了赋能理论的应用和实践。

赋能理论旨在通过提供必要的资源、知识和技能，激发个体及社会集体的潜能，从而使他们能够实现既定目标并促进个人和社会的发展。该理论的核心在于强调个体和社会集体的能力提升与自主权的重要性。具体而言，赋能理论主张应向人们提供必要的资源、信息和工具，使他们能够积极参与到改善自身生活的过程中。个体能力的增强可以通过教育、专业培训、知识共享和资源支持等多种方式实现。此外，赋能理论不仅关注个体层面的赋能，还涵盖组织和社会层面的赋能。在组织和社会层面，赋能可以通过创造一个支持性的环境和机制，从而促进成员的潜力和创造力的发挥来实现，主要方式包括但不限于建立开放的沟通渠道、鼓励成员参与决策过程以及提供各类培训和发展机会。

在探讨数字经济如何促进广西制造业高质量发展的过程中，赋能理论提供了一个有力的分析框架。该理论不仅有助于我们识别数字经济带来的发展机遇，还能帮助我们深入分析制造业在数字化转型过程中的赋能路径和策略，并揭示其背后的运作机制和规律。具体来说，数字经济通过集成和应用先进数字技术，为制造业带来创新、效率提升和智能化的解决方案。在这一赋能过程中，技术支持、资源配置和能力建设等方面发挥着关键作用。通过这些赋能机制，制造业能够实现数字化转型，从而提升其竞争力和创新能力，实现可持续的高质量发展。

二、产业升级理论

产业升级理论的理论基础植根于 1912 年约瑟夫·熊彼特（Joseph Schumpeter）提出的创新理论。熊彼特强调，创新是推动经济增长的关键驱动力。在此基础上，产业升级理论进一步强调技术进步和产业结构调整在经济发展中的核心作用。该理论的显著发展者之一是迈克尔·波特（Michael Porter），他在 1980 年提出的"五力分析模型"和"价值链分析法"等概念，为理解和实施产业升级提供了重要的理论框架和实践工具。除波特外，其他经济学家和学者也对产业升级理论做出了贡献。例如，1937 年，罗纳德·科斯（Ronald Coase）提出"交易成本理论"，为分析产业升级中企业组织结构的演变和调整提供了一个重要视角。进入 20 世纪 90 年代后，产业升级理论得到进一步的丰富和拓展。1990 年，英国学者坎特韦尔（John A. Cantwell）和托兰惕诺（Paz Estrella Tolentino）共同提出了"技术创新产业升级理论"。此外，格里菲（Gereffi）在 1999 年对产业升级的动因进行研究时，提出了产业升级的四个层次：产品层次、网络层次、产业层次、产业间层次。2002 年，汉姆普瑞（Humphrey）和斯密兹（Schmitz）在格里菲的基础上，从价值链的视角提出了流程升级、产品升级、功能升级、价值链升级四种产业升级的模式。这一分类目前已被学术界广泛认同。

产业升级理论的核心观点是，产业升级作为经济发展和变革的关键驱动因素，对经济增长和全球竞争力具有决定性影响。该理论强调，经济发展是一个动态演化过程，其中包括产业从低附加值、低技术含量向高附加值、高技术含量的转型。随着经济持续发展和技术不断进步，产业结构不可避免地会经历升级和变革。在这一过程中，传统产业可能逐渐衰退，而新兴产业则因其创新能力和技术优势而迅速发展和壮大。进一步地，产业升级理论特别强调技术创新和技术进步在推动产业结构变革中的作用。随着科技持续进步和创新，传统产业可能会因为技术落后和市场竞争加剧而面临挑战。相反，新兴产业则通过技术创新和市场差异化策略来构建其竞争优势，从而在全球市场中占据有利地位。

应用产业升级理论，可以深入理解数字经济对制造业产生的深远影响及其带来的机遇。这一理论框架使我们能够详细分析数字经济如何赋能制造业，评估其赋能途径和效果，并据此制定有效的数字化转型策略和路径。在数字经济的推动下，传统制造业面临着更新与升级技术、管理和组织结构等方面的必要性。产业升级理论为企业数字化转型提供了一种分析工具，有助于识别转型的驱动因素、关键要素以及可能面临的挑战。通过这一理论，企业能够制定出更加合理和有效的转型策略和路径，以最大限度地利用数字经济为制造业带来的高质量发展机会。

三、技术–经济范式理论

技术–经济范式理论（techno-economic paradigm theory）最初由经济学家卡洛塔·佩雷斯（Carlota Perez）于1983年提出。佩雷斯认为，每种发展模式都是由特定的技术风格所塑造的，这种风格可以被理解为一种最有效的生产和组织方式。该范式源自关键技术的发展和演变，它引发了行业成本结构的重大变化，并为新技术的广泛扩散创造了新机遇。技术–经济范式理论的发展可以分为三个主要阶段：首先是理论提出阶段。1962年，美国科学哲学家托马斯·塞缪尔·库恩（Thomas Samuel Kuhn）首次引入"范式"这一概念，定义为某一专业领域内各学派普遍接受的概念、方法和实践规范。1982年，乔瓦尼·多西（Giovanni Dosi）在其科技创新研究中采用"范式"一词，从而引出"技术范式"的概念。紧接着在1983年，佩雷斯在研究中引入"技术–经济范式"这一术语，并对其进行了明确界定。其次是理论构建阶段。1988年，佩雷斯与克里斯·弗里曼（Christopher Freeman）共同发展了技术–经济范式的理论框架。2002年，佩雷斯对该理论框架进行了进一步的扩充和深化。最后是理论完善阶段。2010年，佩雷斯发表名为《技术革命与技术–经济范式》的论文，标志着技术–经济范式理论进入成熟阶段。

技术–经济范式理论揭示了技术与经济发展之间的密切相互作用。该理论认为，技术是推动经济发展的关键动力，它不仅能够提升生产力水平和改变生产方式，还会对产品种类、产业布局和市场结构产生深远影响。技术变革和创新，不仅能够重塑企业生产流程和内部管理结构，也是全球经济格局演变重要因素。在技术-经济范式理论框架下，技术被视作一种引领时代的范式，代表着特定时期的技术水平、生产方式和组织结构。这种技术范式随着时间的推移而不断发展，从早期的工业化范式，经过信息技术范式，演变至今日的数字化和智能化范式。每一种技术范式的兴起都伴随着经济结构的根本变革和创新模式的出现。

根据技术-经济范式理论，本书深入探讨人工智能、大数据、云计算等关键数字技术在推动制造业发展和转型中的关键作用。通过这一分析，我们能够清晰地勾勒出当前制造业的发展态势，并详细探究这些数字技术如何具体影响行业的成本结构和生产力的提升。随着数字经济的兴起，制造业面临着新的市场机遇和商业模式的变革。同时，数字技术和新兴产业的迅猛发展，为制造业在数字经济时代把握机遇、应对挑战提供了有力的理论和实践指导。

四、信号传递理论

20 世纪初期，经济学家约翰·阿克顿（John Acton）和弗兰克·皮克尔（Frank Pickle）首次提出"择业模型"，该模型详细描述了劳动者如何通过搜集和分析与职业相关的信息来选择最适合自己的职业道路。这一理论为后来的信号传递理论奠定了基础。20 世纪 50 至 60 年代，经济学家乔治·阿克洛夫（George Akerlof）和约瑟夫·斯蒂格利茨（Joseph Stiglitz）对信号传递理论进行了重要的扩展，提出"筛选模型"。这一模型阐释了在信息不对称的市场环境中，个体如何通过发出信号来展示自己的能力和特质。20 世纪 80 年代，经济学家唐纳德·普莱斯（Donald Price）进一步发展这一理论，提出"公共信号模型"，详细解释了政府如何通过发布特定的信号来有效地引导市场和社会行为。进入 21 世纪，随着信息技术的迅猛发展，信号传递理论也进入一个新的发展阶段，衍生出"搜索理论""契约理论"和"博弈理论"等多种新的理论分支。这些理论不仅加深了我们对现代经济学的理解，而且为信息时代的经济活动和决策提供了有力的理论支持。

信号传递理论在缓解市场信息不对称问题方面发挥着至关重要的作

用，对于促进市场信息的有效流通和提高经济效率具有重要影响。随着资本市场的不断发展和成熟，投资者以及其他市场参与者对企业信息披露的透明度和准确性提出了更高的要求。信号传递理论不仅有助于解释市场失灵的现象，还在指导政策制定、优化信息传播机制和促进经济增长等方面扮演着关键角色。在信号传递理论的框架内，上市公司通过发布积极的信号，如真实的财务报告、稳健的会计信息和积极的社会责任报告来吸引潜在投资者，实现其融资目标。这些信号通常在公司运营状况良好、盈利能力强和风险较低的情况下发布，目的是影响外部信息使用者对公司的正面评估；相反，当公司面临不利的经营环境或财务状况时，管理层可能会选择不公开或尽量减少负面信息的传播，以降低对公司声誉和市场价值的潜在负面影响。

数字化技术为制造业带来大量信息和数据，其应用在企业增强市场竞争力和提升品牌形象方面起着至关重要的作用，同时也推动制造业的可持续发展。具体而言，数字化技术在以下三个关键领域展现出其显著价值：首先，数字化技术使企业能够有效地收集、分析、处理和传递在制造过程中产生的大量数据，从而更精准地掌握市场趋势和消费者需求。其次，通过融合物联网、人工智能和大数据等先进技术，企业可以对生产流程进行实时监控和智能分析。这不仅能够显著提升企业生产效率，还能使消费者和市场参与者更准确地了解产品的质量和性能。最后，数字化技术通过优化企业信息传播的各个环节，扩展了投资者获取企业年报、社会责任报告等重要信息的途径，从而吸引了更多潜在投资者。因此，在数字化时代，信号传递理论的应用对于推动制造业的高质量发展具有极其重要的意义。

五、高层梯队理论

高层梯队理论作为社会学和经济学领域的一个关键理论，已经经历多年的演化和发展，并在多个学科领域中得到广泛应用和认可。该理论的起源可以追溯到 1975 年，当时唐纳德·汉姆布瑞克（Donald Hambrick）受到《财富》杂志上列出的财富 500 强企业首席执行官名单和相关统计资料的启发，意识到高层管理人员的特征对企业的重要性，并据此提出"高层梯队理论"。随着该理论的不断发展，越来越多的学者开始关注高层管理人员及其管理团队的不同特征，以及这些特征如何影响企业绩效，涵盖了组织战略、组织绩效和组织创新等多个方面。20 世纪 70 年代，一位美国社会学家提出了"符合差异"模型，这一模型进一步丰富和完善了高层梯队理论。随着数字化和信息化的进展，高层梯队理论在实证研究中也得到了广泛的应用和深入探索。

高层梯队理论不仅是社会学和人类学领域的关键理论，而且在管理学和组织行为学中也得到广泛应用。该理论强调鉴于内部和外部环境的复杂性，管理者不可能对所有方面有一个全面的了解，因此，管理者的认知结构和价值观在很大程度上决定了他们对信息的解读方式。换言之，管理者的个人特质会对其战略选择产生影响，进而影响企业的行为模式。在这个框架下，高层管理团队的认知能力、感知能力和价值观等心理结构成为战略决策过程和相应绩效结果的决定性因素。

高层梯队理论在推动制造业通过数字化实现高质量发展方面发挥着至关重要的作用。企业是否采取数字化转型以及转型的具体方式，通常由高管团队通过集体决策来确定。这些高管团队成员的社会网络和知识储备为企业数字化转型提供了必要的资金和技术支持。在技术创新方面，企业引入和应用先进的数字化技术，能够显著提升产品和服务的质量与效率，从而在激烈的市场竞争中获得优势。在人才培养方面，高层梯队人才在科学研究、经营管理等领域通常具备较高的专业素质和能力。企业通过引进和培养这类人才，可以有效提升自身的创新能力和市场竞争力。同时，在创新文化的培育上，高层梯队人才在企业内部可以起到示范和领导作用，促进创新型企业文化的发展，从而增强企业的创新意识和创新能力。

六、信息不对称理论

信息不对称理论是财务管理领域的一个关键理论，它对传统经济学理论进行了重要的继承和发展。在市场交易中，信息不对称现象普遍存在。根据黄哲等（2023）的研究，当市场参与者，特别是信息弱势方，认识到合约无法完全平衡风险时，他们往往会通过提高交易成本来应对，这一行为最终导致市场效率的降低。信息不对称的主要后果可以归纳为两类：逆向选择和道德风险。逆向选择通常发生在交易前，由于交易双方信息不平等，信息劣势方为了保护自身利益，可能会提高交易成本，包括增加交易条件或选择更加保守的合约形式，以防范信息优势方可能采取的不利行为。道德风险通常出现在交易完成后，指的是交易中的一方为了个人利益而隐瞒信息或采取某些行动，从而导致对方利益受损。这种行为是一种典型的事后机会主义行为。

在信息不对称理论的框架下，信息优势方通常被称为"代理人"，而信息劣势方则被称为"委托人"。基于这一代理人—委托人关系，该理论涵盖五种主要模型：隐藏行动导致的道德风险模型、隐藏信息的道德风险模型、逆向选择模型、信号传递模型以及信息甄别模型。其中，前三种模型着重描述信息不对称可能引发的负面后果，而后两种模型则关注代理人或委托人在解决事前逆向选择问题时的有效策略。对于上市公司而言，信息不对称主要表现在公司内部人员（如管理者、董事、大股东等）与公司外部人员（如监管者、中小股东、债权人等）之间的信息差异。公司内部人员通常掌握着关于公司经营和战略的关键信息，而外部人员往往只能依赖于内部人员披露的信息，因此在获取和处理信息方面处于相对劣势。

在探讨数字化转型如何促进企业高质量发展的研究中，信息不对称问题扮演了重要角色。首先，数字化转型催生出众多平台型企业，这些企业通过利用其数据处理能力的优势，有效地缓解了信息不对称的问题，进而减少道德风险和逆向选择的发生概率。其次，数字化转型能够为管理层提供更为丰富和多元的信息资源，这极大地增强了他们评估投资项目的能力，提高了决策的效率和准确性。最后，在企业的运营过程中，数字化系统的应用使得价值链中的信息得到高效的处理和传递，显著提高了信息的透明度，并促进了企业内部的信息交流。

第三章 数字经济赋能制造业高质量发展的机理分析

本章详细考察了新一代信息技术的进步如何促进数字技术与实体经济的紧密融合，并进一步促使产业组织经历数字化转型。本章的核心在于从制造业高质量发展视角，深入分析数字经济对制造业高质量发展的助力作用，这一分析对于本书的整体框架和后续实证分析均有重要的理论意义。本章首先详细阐述了数字经济在促进制造业高质量发展中的内涵特征；其次，深入探讨了这些特征如何构成数字经济赋能制造业的作用机制。

第一节 数字经济赋能制造业高质量发展的内涵特征

数字经济作为一种结合技术创新和经济模式的新型经济形态，已成为促进经济高质量发展的重要增长点（管华宇，2022），同时，它也为传统产业部门的转型和升级提供了关键动力（李向阳 等，2022；董婉璐 等，2022）。通过深入分析赋能理论、产业升级理论和技术-经济范式理论等多个相关理论，并综合梳理这些理论框架，我们可以更全面地理解数字经济与制造业发展之间的理论联系和相互作用。

高质量发展是指在有限的生产要素投入下，通过优化配置资源要素，实现更高的经济产出，同时满足人民日益增长的多元化需求，减少对环境的影响，以促进经济的持续和健康发展（余东华，2020）。在制造业中，这种发展模式体现为在产业和企业层面上合理分配生产要素，强化各生产部门之间的有效协作，满足公众的合理需求，同时在经济效益、社会效益、生态效益及福利效益等多个方面实现持续发展。这一发展模式与党的十八届五中全会所倡导的"创新、协调、绿色、开放、共享"的新发展理念相吻合，后者是推动经济高质量发展的关键。本节将重点探讨数字经济在这五大发展维度上对制造业高质量发展的影响，并详细阐述数字经济在助力制造业高质量发展方面的核心作用。

科技创新在推动经济和社会的可持续发展方面发挥着至关重要的作用，而制造业要想实现高质量发展，关键是要不断增强其创新能力。数字经济对制造业创新能力的提升有着重要影响，这种影响具体表现在以下几个层面：首先，从宏观层面来看，数字经济与技术创新的协同耦合有助于促进多元化创新主体之间的数字化联系。这种联系能够通过数字化方式推动技术创新的区域性变革（曹玉娟，2019）。其次，劳动者技能水平和生产效率的提高，得益于数字技术的广泛应用，数字技术不仅显著提升了地区的创新开发能力，也增强了其创新转换能力（Brynjolfsson et al.，2000；惠宁 等，2021；金环 等，2021）。在微观层面，Zhang 等（2018）的研究发现，数字技术的应用有助于解决信息不对称问题，使得产品供给端更好地满足需求端的多样化需求，并有助于企业制定更科学的生产经营决策。刘启雷等（2022）的研究表明，企业的数字化转型能够降低成本、提高效率，并为创新研发提供必要的资源，从而为企业带来更多的创新机会。最后，吴赢和张翼（2021）的研究还发现，数字经济的发展有助于增强创新主体对知识产权的保护意识，促使政府部门完善知识产权保护的法律法规，增强对技术创新的保护力度，进而有效激励科技人员进行研发创新并将成果应用于商业市场，从而提升创新能力。

数字经济的兴起能够显著提高资源配置的效率，进而有力地促进制造业提升产业协调和优化能力。在数字经济的背景下，生产资料在不同地区及部门之间的流动速度和配置效率得到显著提升（白俊红 等，2018；荆文君 等，2019；黄群慧 等，2019）。这种提升不仅加速了地区间和产业部门间的交流与合作，还促进了产业结构、要素配置结构和区域经济结构的优化。正是这些优化，使得数字经济成为推动制造业协调发展的关键动力（周泽红 等，2022）。

绿色高效是制造业高质量发展的一个重要体现。一方面，数字经济可以通过提升资源利用率来实现这一目标，相关研究（王艳华 等，2019；魏丽莉 等，2021；刘维林 等，2022；邓荣荣 等，2022）表明，这种提升能够降低企业对资源环境要素的过度依赖（裴长洪 等，2018；刘鹏程 等，2020；邓荣荣 等，2022）。另一方面，数字经济还能够提高政府监管能力与公众参与度，有助于推动城市绿色高效发展（Hampton et al., 2013；张明新 等，2014；Shin et al., 2015；解春艳 等，2017）。因此，数字经济在推动制造业实现绿色高效发展方面具有重要作用。

实现高水平的对外开放能够推动制造业高质量发展，数字经济在其中扮演着重要的角色。数字经济的规模经济优势降低了企业运营的可变成本，并且通过吸引外商直接投资和优化外商投资结构的方式，促进了本地产业结构的转型升级（吕朝凤 等，2018；高敬峰 等，2020）。这一过程不仅推动了对外开放水平的提升，也为制造业发展带来新的机遇。具体来说，数字经济发展吸引外商直接投资，可以增加经济活力和资源供给，促进制造业的发展（胡志强 等，2018）。同时，优化外商投资结构可以引导更多的投资流向技术密集、创新驱动的领域，从而提升制造业的竞争力和附加值。此外，数字经济的兴起也倒逼本地产业结构转型升级（石喜爱 等，2018），推动传统产业向高附加值、绿色环保的方向发展，从而提高制造业的整体发展水平。

共享发展是制造业高质量发展的一个重要方面。Li Kai 等（2020）指出，数字经济能够改善人类福利，并提高企业社会效益。吕明元 等（2019）认为，企业社会效益体现了成果共享和协调发展的理念。数字技术与制造业的融合发展不仅能够创造新的工作岗位和就业机会（范晓男 等，2020），还能促进经济增长，并改变人们的生活方式（Sarah Manski, 2019）。在数字经济时代，涌现出大量的数字产品和新兴科技企业，新兴领域如数字政府、数字金融、平台经济等也蓬勃发展。这进一步推动了科技创新成果的转化与扩散，并引领着生活生产领域的变革，从而推动经济实现高质量发展。

新时代的制造业高质量发展具有更加丰富的内涵，要体现创新、协调、绿色、开放、共享等多维理念。特别是在当前中国制造业发展中存在能源消耗多、污染严重以及发展不均衡、不协调等问题的情况下，节约发展、清洁发展和循环发展成为未来制造业发展的大势所趋。制造业的平衡协调发展对于实现区域协调发展、缓解不平衡不充分的社会矛盾具有深远影响。基于数字经济和制造业高质量发展的多维性和动态性，应充分考虑制造业发展中的创新能力不足、资源配置效率不强、产业结构不合理、绿色转型发展难度大、经济效益质量不强、要素保障能力较弱等典型特征。借鉴王瑞荣和陈晓华（2022）的数字经济助推制造业高质量发展的内涵要求，结合数字经济所具有的科技创新、资源配置、社会融资、监督约束、知识溢出与信息扩散等功能，剖析数字技术在传统制造活动中通过创新能力、资源配置、产业结构、绿色低碳、经济效益五个维度赋能全产业链及其带来的创新链、制造链、销售链、供应链、服务链的生产组织模式的变革与重塑的作用机制（见图3-1）。

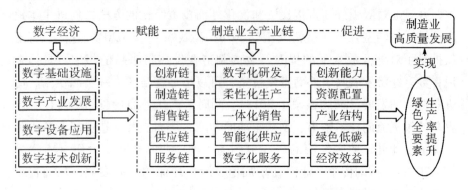

图 3-1　数字经济赋能制造业高质量发展的作用机制

第二节　数字经济赋能制造业高质量发展的作用机制

本节基于"创新、协调、绿色、开放、共享"的新发展理念，探索性构建了数字经济赋能制造业高质量发展的作用机制分析框架，有助于厘清数字经济对制造业高质量发展影响的变动趋势，从而为后续章节的实证检验提供理论依据。

数字经济主要包括数字基础设施、数字产业发展、数字设备应用和数字技术创新四个方面。在新经济形态下，四者通过深度嵌入制造业全产业链，即创新链、制造链、销售链、供应链、服务链，提升制造业绿色全要素生产率，从而实现制造业高质量发展。

一、创新链：数字化研发赋能制造业创新能力

数字技术研发创新的不断涌现，促使传统制造业数字化改造升级、现代制造业提质升级步伐加快，实现从传统制造向数字化制造转变。随着科技的迅猛发展，数字技术日新月异，为传统制造业带来前所未有的机遇。

在数字化时代，传统制造业正面临着巨大的转型压力和市场竞争。因此，数字化改造升级成为推动传统制造业转型升级的重要路径。

数字化改造升级的核心在于将传统制造业的各个环节进行数字化处理，实现信息流、物流和资金流的高度整合与协同。首先，在生产过程中通过引入先进的数字技术，如物联网、人工智能和大数据分析等，传统制造业可以实现生产过程的智能化和自动化，提高生产效率和质量（Mikalef et al., 2017; Kim, 2017; Yang, 2022）。同时，通过数据分析和预测模型的应用，企业可以更加准确地把握市场需求，优化生产计划和资源配置。其次，在供应链管理方面，数字化改造可以实现供应链上下游的信息共享和协同，减少库存和运输成本，提高交付速度和客户满意度。通过建立数字化供应链平台，企业可以实现与供应商和客户的实时连接和交互，及时了解市场需求和供应变化，做出更加快速和准确的决策（刘飞，2020；黄漫宇 等，2022）。

此外，数字化改造还可以促进企业与消费者之间的直接连接和交互。借助互联网和移动设备的普及，传统制造企业可以与消费者建立更紧密的联系，了解消费者的需求和反馈，不断优化产品设计和服务体验。通过数字化营销和电子商务的应用，企业可以拓展销售渠道，提高品牌影响力和竞争力。

总之，数字技术研发创新为传统制造业的数字化改造提供了宝贵的机遇。通过数字化改造升级，传统制造业可以实现生产智能化、供应链协同化和市场个性化等目标，从而逐步实现从传统制造向数字化制造的转变。这不仅可以提升企业的竞争力和创新能力，也将为社会经济发展带来新的动力和机遇。

二、制造链：柔性化生产赋能制造业资源配置

柔性化生产是制造企业应对客户需求多样化、个性化的必然选择。随着市场竞争的日益激烈，传统的批量生产模式已经不能满足消费者对产品个性化的需求。因此，越来越多的制造企业开始采用柔性化生产模式，以适应市场的变化和客户的需求（Mikalef et al., 2017; 袁勇，2017）。柔性化生产的核心理念在于提供定制化的产品和服务，使每个客户的需求都得到满足。通过数字技术与制造链的深入融合，制造企业能够实现生产流程的持续优化，从而建立更高效、更灵活的生产方式。

数字技术的应用在柔性化生产中起到至关重要的作用。例如，企业可以利用物联网技术收集和分析产品销售数据，准确了解客户需求的变化趋势，及时做出调整。同时，通过人工智能和大数据分析，企业可以快速识别客户的个性化需求，为其提供定制化的产品和服务。柔性化生产不仅能够满足个性化消费的需求，还可以对制造业结构进行优化。传统的批量生产模式往往会带来高成本和低效率的问题，而柔性化生产模式能够根据实际需求灵活调整生产规模，提高资源利用率和生产效率，从而降低生产成本，并提升企业的竞争力（Bayo-Moriones et al.，2013；何帆 等，2019）。

总之，柔性化生产是制造企业适应市场变化、满足客户个性化需求的必然选择。数字技术与制造链的深入融合为柔性化生产提供了强大的支持，使制造企业能够实现生产流程的持续优化，提供定制化的产品和服务，促进了制造业结构的优化和升级。随着科技的不断进步和创新，柔性化生产将在制造业中发挥越来越重要的作用，推动行业向更加智能、可持续的方向发展。

三、销售链：一体化销售赋能制造业产业结构

在数字技术的支撑下，互联网平台以其强大的力量不断崛起，这是当今社会的一个显著趋势。互联网平台不仅打破了传统线下销售模式的局限，还推动了线上和线下的一体化销售新模式的孕育与发展。依托数字技术，互联网平台能够提供更为高效、便利的购物环境，从而激发消费需求的增长。消费者可以通过互联网平台随时随地进行商品浏览、比较和购买，无须受时间和空间的限制。这种便捷的购物方式进一步促进了消费升级的趋势。

随着互联网平台的兴起和发展，制造业也得到进一步的推动和升级。制造业是国民经济的重要组成部分，而互联网平台的崛起为制造业产品的升级提供了新的机遇。通过将制造业与互联网平台相结合，企业可以更好地满足消费者的个性化需求，提供更加差异化和创新的产品。互联网平台的利用不仅能够加快传统制造业的转型升级，还能够为企业创造更多的商机和竞争优势（Bajari et al.，2015；陈剑 等，2020）。

总体上看，互联网平台在数字技术的加持下强势崛起，为线上、线下一体化销售新模式的孕育奠定了基础。这一趋势不仅激发了消费需求的增长，促进了消费升级，还推动了制造业产品的升级与发展。随着技术的不

断进步和互联网平台的不断完善，可以预见到数字技术将继续在各行各业发挥巨大的作用，助力经济社会的可持续发展。

四、供应链：智能化供应赋能制造业绿色低碳

数字技术的快速发展为制造业带来了前所未有的机遇与挑战。其中，数字技术的赋能使得绿色制造、绿色供应和绿色支付得以全面推进，进一步提升了制造业的可持续发展能力。通过数字技术的运用，制造流程变得更加清洁高效，产品的环保性得到了显著提升（Liao，2022；吕明元 等，2022）。

首先，在数字技术的支持下，制造企业能够更好地监测、管理和优化整个生产过程。通过物联网、大数据分析和人工智能等技术手段，企业可以实时获取设备运行状态、生产流程数据等信息，从而及时发现和解决问题，减少资源的浪费和能源的消耗（王峰正 等，2021）。同时，数字化的生产过程也能够降低人为错误的发生概率，提高生产效率和产品质量。

其次，数字技术的应用使得绿色供应链管理得以实现。通过建立数字化的供应链网络，企业可以更好地追踪原材料的来源、运输过程的排放情况，并对供应商进行评估与管理。这不仅有助于减少环境污染，还能够确保供应链的可靠性和稳定性，提高产品的可追溯性和整体质量。

此外，数字技术还为绿色支付提供了便利和安全的解决方案。以区块链技术为代表的数字货币支付系统，能够实现去中心化、匿名化的交易方式，从而减少传统金融支付过程中涉及的中间环节和手续费用，降低交易成本和资源消耗。同时，数字货币支付也能够提高支付的透明度和安全性，减少不必要的纸质流程和作业，为企业提供更加高效和可持续的支付方式。

总之，数字技术赋能制造业的发展，使得绿色制造、绿色供应和绿色支付得以全面推进。通过数字化的生产过程管理、绿色供应链建设和数字货币支付，制造业实现了资源消耗的降低、环境污染的减少，同时也提升了社会效益和企业的可持续发展能力。数字技术在推动制造业转型升级和可持续发展方面发挥着重要的作用，为未来构建更加环保、智能的制造业奠定了坚实的基础。

五、服务链：数字化服务赋能制造业经济效益

数字技术与服务链创新融合是一种重要的发展趋势，有助于提高服务

活力并推动制造业的进一步升级。数字技术的迅速发展为制造业带来巨大的变革机遇，使得企业能够更好地应对市场需求和消费者的个性化要求。

数字技术在制造业中的应用主要体现在服务链的创新上。传统的制造业注重产品的生产过程，而通过应用数字技术，企业可以将注意力从单纯的产品制造转向服务的提供。这意味着企业需要在生产过程中注重服务的开发，包括售前、售中和售后等各个环节。通过增加服务的价值，企业可以提供更全面、个性化的解决方案，满足消费者多样化的需求。

服务化水平的提升对于制造业的效率提升具有重要的意义。通过与数字技术的融合，制造业可以建立更高效、更灵活的生产模式。例如，通过物联网技术的应用，企业可以实现设备之间的互联互通，提升生产线的自动化程度；通过大数据分析和人工智能的应用，企业可以进行精准的需求预测和资源调配，降低库存和成本。这些措施不仅提高了制造业的生产效率，还减少了资源的浪费，有助于实现可持续发展（赵宸宇 等，2021；涂心语 等，2022）。

总之，数字技术与服务链创新的融合是推动制造业发展的重要动力。通过将数字技术应用于服务链创新，企业可以激发服务活力，提升制造业的投入服务化和产出服务化水平。这将提升制造业的效率，增强企业的竞争力，并为可持续发展打下坚实的基础。同时，随着技术的不断进步和创新，数字化与服务化的融合将继续推动制造业的转型升级，为经济社会的发展带来更多机遇和挑战。

第三节　本章小结

本章在第二章的基础上，沿着"变革性影响—影响效应—影响机制"的逻辑，系统阐述了数字经济对制造业高质量发展的影响机理。本章为后文的实证分析奠定了逻辑基础，主要包括以下内容：

（1）深入探讨数字经济对制造业高质量发展的变革性影响。本章对数字经济与传统经济进行了对比，总结出了数字经济的独特特征。基于此，从经济效益、创新发展、绿色发展、结构优化以及共享发展五个方面，详细讨论了数字经济对制造业高质量发展的变革性影响。

（2）分析数字经济赋能制造业高质量发展的影响效应。本章从科技创新能力、资源配置能力、绿色低碳发展水平、对外开放水平以及共享发展水平五个维度，详细探讨了数字经济赋能制造业实现高质量发展的基本内涵。

（3）探讨数字经济赋能制造业高质量发展的作用机制。本章结合数字经济的特性和制造业面临的发展困境，从创新能力提升效应、资源配置效应、产业结构优化效应、绿色低碳发展效应以及经济效益效应五个视角，详细分析了数字经济如何缓解制造业面临的问题，如创新能力不足、资源配置效率低、产业结构不合理、绿色转型发展难度大、经济效益质量不高和要素保障能力较弱等问题。这些分析为后续的实证研究提供了理论基础。

第四章 数字经济赋能广西制造业
高质量发展的现状考察

本章深入分析了广西数字经济推动制造业高质量发展的关键因素、实际成效以及当前面临的困境。首先，探讨广西数字经济发展的主要驱动力，包括政府政策的支持、技术创新的进步以及市场需求的变化等方面。其次，评估广西数字经济在提升制造业生产效率、改善产品质量和增强市场竞争力等方面的具体成效。最后，分析广西在数字经济赋能下的制造业高质量发展所遭遇的主要困难，如技术发展的瓶颈、专业人才的缺乏和资金投入的不足等问题，并探讨可能的解决方案。

第一节 数字经济赋能广西制造业高质量发展的动因

数字化转型已成为企业实现未来成功的关键战略。这一转型反映了企业内部管理和战略决策的进步，是企业对外部环境变化的有效应对（袁淳等，2021）。在企业内部方面，诸如提升生产效率、降低运营成本、增强创新能力和市场适应性，以及加强基于数据的决策制定等，均是推动数字化转型的核心动力（孙肖晶，2021）。在外部环境方面，技术的持续进步、行业发展趋势、应对当前实际问题和挑战的需求、政策环境的影响，以及市场竞争的压力，都在不断促进制造业的数字化转型。因此，对于广西地区而言，制造业的数字化转型不仅是一个趋势，更是实现高质量发展的迫切需求（李煜华 等，2022）。

一、内部驱动力

数字化转型的成功与否往往受到企业内部因素的影响，这些内部因素直接影响着企业数字化转型的方向、速度和结果，在企业数字化转型过程中起着决定性的作用（谭志东 等，2022）。内部驱动力主要包括以下几个方面：

（一）提高生产效率和降低成本

数字化转型在提升生产效率、优化业务流程及降低运营成本方面展现出显著潜力。目前，广西正在积极推进制造业的数字化转型，支持企业在机器替代人力、生产线更新、设备核心技术升级以及数字化和智能化方面的进步。据统计，广西已成功建成 242 个智能工厂和 137 个数字化车间。然而，广西智能制造产业的整体发展水平仍相对落后，以中小型生产企业为主。根据广西壮族自治区工业和信息化厅的数据，广西当前拥有超过 1 000 家机器人和工业自动化企业，但这些企业规模普遍较小，产业结构尚待优化。广西制造业的整体自动化水平不高，这限制了企业生产效率的提升和成本的降低。在当前全球竞争加剧和产业升级的背景下，加快数字化转型的步伐显得尤为重要（曾皓，2023）。数字化转型能够通过优化业务流程、减少人工操作和消除无效环节来提高工作效率和降低成本（李大元 等，2023）。自动化、机器人技术和工业物联网等数字技术的应用，使生产线更加智能化和自动化，从而加快了生产过程，提升了产能和产品质量（Shen L et al.，2022）。此外，数字化转型还能改善企业内部的协作和沟通（张培 等，2021），实现信息共享和团队协作，从而提高工作效率。作为广西制造业的龙头企业之一，柳工股份在数字化转型方面处于领先地位。该公司相关人员在 2022 年透露，与传统工厂相比，其智能制造工厂的运营成本降低了 15%，产品制造周期缩短了 40%，设备综合利用率提高了 40%，直接劳动生产效率提升了 22%。

（二）强化数据驱动决策的能力

通过数字化转型，企业能够建立基于数据的决策机制，从而更准确地预测市场趋势、深入理解客户需求，并有效优化运营流程。正如《"十四五"数字经济发展规划》中所强调的，数据已成为关键的生产要素，是推动数字经济发展的核心动力。如图 4-1 所示，由工业互联网体系架构 2.0 可知，数字化转型方向、路径与能力实质由数据驱动，体系架构的网络、平台、安全服务于数据的采集、传输、集成、管理与分析。对于制造业而言，识别并充分利用关键数据是数字化转型的主要推动因素（荣健欣 等，2021）。工业数据分析拥有自感知、自学习、自执行、自决策和自适应等特性（陈楠 等，2023），通过应用知识图谱、机器学习、深度学习和自然语言处理等手段，数字技术能够有效处理大数据量、多维度数据分析、实时分析难题以及定量问题。这为制造业企业提供了实时精准的决策支持和生产价值的动态优化（李佳钰 等，2022）。麦肯锡全球研究院的报告显示，75%的高绩效企业认为，基于数据的决策优于仅依赖经验和直觉的决策。数据分析能够帮助企业更有效地识别市场趋势、消费者行为和竞争对手动态，从而做出更具前瞻性的决策。麦肯锡全球研究院的研究还表明，数据驱动的企业更有可能在市场中取得领先地位。数字化转型使企业能够收集和分析大量数据，从而更全面地了解市场、客户和业务运营情况（王世杰 等，2023）。通过数据分析和商业智能，企业可以获得深入的洞察和决策支持，进而更有效地进行战略规划和业务流程优化（文洋 等，2023）。广西制造业的科技创新水平整体较低，数据获取和分析能力有限，这导致许多企业在生产和经营决策中过分依赖经验和直觉，缺乏科学性和严谨性，不利于企业的高质量发展。因此，对于广西制造业而言，实施数字化转型显得尤为关键。

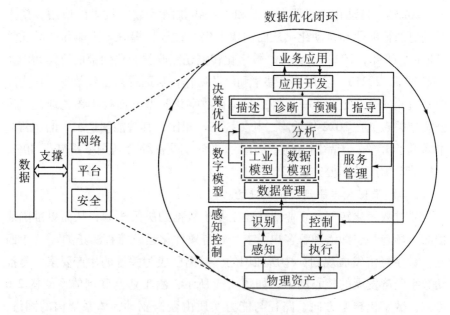

图 4-1　工业互联网体系架构 2.0

（三）加强科技创新能力与市场适应性

在当前这个竞争日益激烈的环境中，企业的创新能力和市场适应性成为其生存和发展的关键。随着新一轮科技革命和产业变革的兴起，制造业的发展模式和路径正经历着深刻的转变。在这种背景下，科技创新已经成为支撑制造业高质量发展的核心驱动力（吴南 等，2022）。对于广西而言，在推动制造业高质量发展的过程中，紧跟科技革命和产业变革的步伐至关重要。这不仅需要充分发挥科技创新的引领作用，攻克关键产业技术难题，还要促进各类创新资源向企业集中，以科技创新为手段解决制造业发展中的问题，实现科技创新与实体经济的深度融合，培育具有国内外竞争力的先进制造业集群，从而为制造业的高质量发展注入新的动力（张志强 等，2022；方行明 等，2023）。然而，根据《中国区域科技创新评价报告2022》，广西在科技创新环境、科技活动的投入与产出、高技术产业化程度、科技对经济社会发展的促进作用等方面的国内排名长期处于较低水平。广西的基础研究能力相对薄弱，产业科技创新的投入也不足。与华南地区的广东、福建等省份相比，广西高技术制造业的整体创新能力存在显著差距。

如图4-2所示，2022年广西综合创新水平指数仅为54.82分，相较于全国综合科技创新水平指数75.42分，显然有一定差距。科技创新对于市场适应性的重要性不言而喻，因为在不断变化的市场需求和环境中，企业需要持续创新以满足新的需求和应对挑战（凌士显 等，2023）。数字化转型为企业提供了更多的创新机会，使得企业能够更好地满足客户需求并适应市场变化（杨隽萍 等，2023）。借助数字化技术，企业可以运用大数据分析、人工智能和机器学习等技术，从海量数据中洞察市场机遇、预测需求趋势，并据此进行产品创新和服务改进。通过持续的创新，企业能够提供更优质的产品和服务，满足客户的个性化需求，从而保持竞争优势。

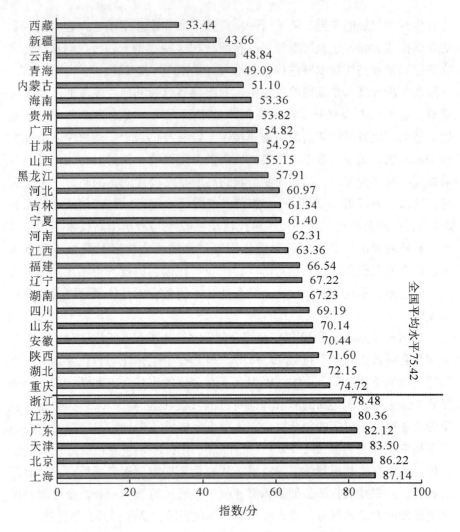

图 4-2　2022 年中国部分省份综合科技创新水平指数

资料来源：中国科学技术发展战略研究院。

二、外部驱动力

数字化转型是一个复杂的过程，不仅受到企业内部因素的影响，还受到外部环境的影响。数字化转型是当今时代发展的大趋势，顺应时代发展的潮流与市场环境的变化是企业获得发展的关键（章丹，2021）。外部驱动力主要包括以下几个方面：

（一）解决当前实际问题和挑战

为了解决制造业中常见的低效率、资源浪费、质量控制不稳定以及供应链管理困难等问题，数字化转型已经成为必要选择。首先，低效率是制造业中普遍存在的问题。传统生产模式下，手工操作、重复性劳动和烦琐的人工管理导致生产效率低下（蒋树炎，2019）。然而，数字化转型使得企业能够引入自动化设备、机器人和智能化控制系统，从而实现生产过程的自动化和智能化，提高生产效率和产能，同时降低人力投入和生产成本（杨烨军 等，2023）。

其次，资源浪费也是制造业运营中的一大问题。传统生产模式下，物料浪费、能源浪费和产能浪费等问题屡见不鲜（向阳 等，2022）。然而，数字化转型通过物联网和大数据分析技术，可以实现对物料、能源和设备的智能监控和管理，从而提升资源利用效率。此外，质量控制是制造业运营中的另一大问题。传统的质量控制方式依赖于人工抽检和手工记录，容易出现人为差错和数据不准确的情况。然而，数字化转型使得企业能够引入智能传感器、数据采集设备和质量管理系统，实现生产过程的实时监测和数据分析（李仁涵，2020）。实时数据监测和数据分析使得企业能够有效地减少资源浪费，提高资源利用率，降低生产成本。

最后，传统的供应链管理常常面临着信息不对称、协同不畅和反应不灵敏的问题（胡军 等，2014），导致生产计划和库存管理困难。然而，数字化转型使得企业能够建立数字化供应链系统，实现供应链中各个环节的信息共享和协同，提高供应链的透明度和灵活性（潘爱玲 等，2023）。通过数字化转型，企业可以基于实时数据进行智能预测和需求管理，从而优化供应链运作并减少库存积压。

（二）技术进步和行业发展趋势

在科技迅速发展和数字化时代的推动下，企业正面临着技术进步和行业数字化转型的双重压力。首先，技术进步被视为推动数字化转型的主要驱动力（陈江宁 等，2020）。随着人工智能、物联网、大数据分析等先进技术的日益成熟，制造业正面临着巨大的机遇和挑战（侯宇佳 等，2022）。这些技术的应用有助于企业优化生产流程、提升产品质量、降低成本，并实现智能化管理和定制化生产。

其次，行业发展趋势也是推动制造业数字化转型的重要因素（马连福 等，2023）。在全球制造业竞争日益激烈的背景下，企业必须适应市场变化和需求多样化。数字化转型能够帮助企业实现快速响应和灵活生产，以满足市场的个性化需求（钱晶晶 等，2021）。

此外，数字化转型还可以推动制造业向高附加值、高技术含量的方向发展，提升企业的竞争力和创新能力（陈红 等，2022）。广西是中国西部地区的重要制造业基地，政府积极推动广西企业数字化转型和高质量发展，鼓励企业加大科技研发投入，推动技术创新和工业互联网的应用。

然而，数字化转型并非一蹴而就的过程，企业需要面临诸多挑战。技术应用和系统集成的复杂性是数字化转型过程中的一大挑战（唐辉 等，2023），企业需要选择合适的技术解决方案，并将其与现有的生产流程和设备进行有机结合。此外，数字化转型还需要投入大量资金和人力资源，并对组织进行全面的变革管理，以确保数字化转型的顺利进行。

因此，广西制造业数字化转型的动因源于技术进步的推动和行业发展的趋势，以及政府政策的支持。尽管面临一系列挑战，但数字化转型对广西制造业发展仍具有重要意义。

（三）政策影响和市场竞争压力

政府对数字化转型的支持和市场竞争压力构成了企业进行数字化转型的外部驱动力（张焰朝 等，2023）。随着大数据、云计算、物联网、人工智能等新一代信息技术的成熟以及其在制造业领域的应用，制造业已逐渐成为数字经济发展的主要战场。对于广西这样一个正处在追赶型工业化阶段的地区，制造业在其产业格局中仍占据重要地位。

近年来，广西为推动制造业的转型升级，不断完善制度环境，并制定出台了《广西深化制造业与互联网融合发展实施方案（修订）》《广西推进工业互联网发展行动计划（2019—2020）》《广西加快推动工业互联网发展工作方案（2020—2022 年）》等一系列战略规划和政策措施。同时，广西还开展了创新平台建设、重点技术攻坚、创新人才引进、传统产业改造、新兴产业培育等一系列行动，旨在推动新一代信息技术与制造业深度融合，提升广西制造业的数字化水平。

然而，制造业企业也面临着市场竞争的加剧、同质化问题的增加以及利润被挤压的困境。随着全球贸易的发展，制造业企业面临来自全球各地的竞争对手。广西的制造业发展水平相对较低，在激烈的市场竞争中优势并不突出。因此，广西制造业企业需要认识到数字化转型的重要性，以此应对市场挑战（刘文俊 等，2023）。具体来说，企业需要通过技术创新、品牌建设、服务升级等手段，寻找差异化竞争的机会，从而在激烈的市场竞争中保持竞争力，实现高质量发展目标。

第二节　数字经济赋能广西制造业高质量发展的成效

在当前全球数字经济的快速发展趋势中，广西制造业企业在内外部因素的双重驱动下，积极开展数字化转型。这一转型经历了一系列的试验和发展阶段，并已经开始展现出初步的积极成效。这些成效主要表现在数字经济的发展势头强劲、新基建的支持力度不断增强、生产质量与效率显著提高、相关的支持政策持续完善，以及成功打造跨境产业链和供应链等多个方面。

一、数字经济的发展势头强劲

自 2019 年以来，广西数字经济增长呈现出总体稳定的趋势，且不同地区间的差异逐步缩小。广西壮族自治区信息中心对该地区数字经济的运行状况进行了持续监测和分析，全面评估了广西数字经济的发展水平。目前，广西正积极推行"机器换人、数据换脑"的战略，以促进制造业的数字化转型，目标是提升企业运营的全方位智能化。在过去两年中，广西在电子信息制造业和软件及信息技术服务业的发展上取得了显著进步，这两个行业的增长速度基本保持在两位数，对经济的推动作用日益加强。根据广西壮族自治区大数据发展局的数据，自 2022 年起，广西在产业数字化领域加快发展步伐，数字化产业的规模不断扩大，已占数字经济的近 90%，成为该地区数字经济增长的主要驱动力。广西数字经济占 GDP 比重变动情况如图 4-3 所示。

截至 2023 年 6 月，广西共建成了 92 000 个 5G 基站，242 个智能工厂，以及 137 个数字化车间。这些成就促成了一系列特色产业应用的形成，如"5G+钢铁""5G+铝业"和"5G+港口"，以及 188 个工业互联网和智能制造的示范应用场景。此外，玉柴集团、柳工集团、西南铝集团建立了"黑灯工厂""智能车间"；上汽通用五菱建立的"数字化供应链协同智造云平台"已广泛应用于供应链中；柳工集团的"智能管家云平台"已连接 20 万余台工程机械；柳钢集团的防城港基地成为全国首个"5G 云上钢厂"，显著提升了传统制造业的发展质量和水平。广西数字经济的发展分为 3 个层次，其中南宁位于第一层次，柳州、北海、桂林、防城港、贵港、玉林、梧州和钦州位于第二层次，其他 5 个地级市处于第三层次。2022 年的数据显示，广西有 9 个地级市在数字经济发展评估中得分超过 70 分（含 70 分），各层次间的得分差异较小，这表明广西数字经济在区域间的协调发展程度正在提高（见图 4-4）。

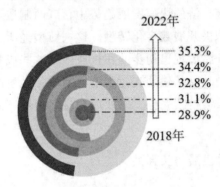

图 4-3   广西数字经济占 GDP 比重变动情况

资料来源：《2022 年广西数字经济发展评估报告》。

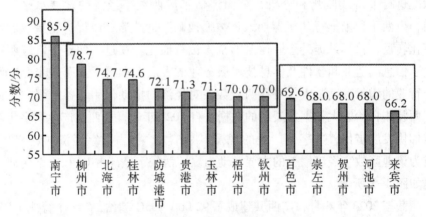

图 4-4   广西各市数字经济发展评估得分

资料来源：《2022 年广西数字经济发展评估报告》。

二、新基建的支持力度不断增强

广西的数字基础设施建设步伐正在加快，这为数据驱动的发展积累了巨大潜力。根据 2022 年的数据，广西在城市网络基础能力、数字网络覆盖率及算力服务方面均达到全国中等水平。2020—2022 年，广西对数字新基建的投资总额超过 1 000 亿元，云计算、网络、边缘计算和终端技术的基础设施建设得到显著加强。到 2022 年底，广西建设了 67 000 个 5G 基站，其建设密度为每平方千米 0.28 个基站，超过全国平均水平的 0.24 个/平方千米。该地区 1 279 个乡级行政区域已实现 5G 网络全覆盖，行政村的覆盖率达到 64%，在西部地区的 5G 用户数量排名第二。广西还是全国第一个实现所有行政村通千兆光纤网络的地区，光缆总长度达到 320 万千米，在全国排名第六。2022 年广西数字基础设施能力各项指标评估得分如图 4-5 所示。

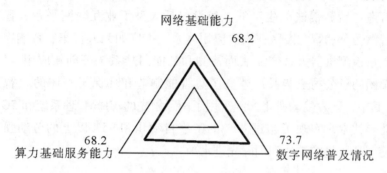

图 4-5　2022 年广西数字基础设施能力各项指标评估得分

资料来源：《2022 年广西数字经济发展评估报告》。

数据的集成应用已成为推动广西制造业高质量发展的新动力。北部湾大数据交易中心，作为广西唯一的持牌数据交易场所和公共数据交易通道，目前已注册 120 多家企业，挂牌交易 168 个数据产品，累计数据服务调用次数达到 7 亿次，交易规模超过 7 000 万元。该中心被选为工业和信息化部 2022 年大数据产业发展的试点示范项目，成为我国六大数据交易流通平台之一。广西正积极推进中国-东盟数字经济产业园、中国-东盟星动云算力中心等重点项目，不断加强面向东盟的数字技术创新应用。中国-东盟信息港的建设取得显著成果，已基本形成面向东盟的大数据资源应用服务枢纽。

三、生产质量与效率显著提高

广西的主要制造业企业通过采用尖端数字技术实现了重要突破。截至 2023 年，广西国资国企系统遵循新的发展理念和加强创新驱动的方针，制定了旨在促进数字技术与实体经济融合的国有企业数字化转型指导方针。这些方针旨在推动广西传统产业的转型和升级。例如，广西汽车集团在数字车辆服务领域取得显著成就。该集团利用区块链、北斗卫星导航系统、物联网、云计算和大数据等前沿技术，构建了以"汽车数据"和"汽车智能"为核心的双轮驱动业务模式。同样，柳工集团也在实施"智能制造"战略方面取得进展，专注于为客户提供从设计到制造再到营销的全价值链服务。在其大型挖掘机装配工厂，柳工集团优化从生产订单到物流配送和质量控制的全流程，实现每 28 分钟生产 1 台挖掘机，比以往减少约 20%的生产周期。该集团还首创推出全球首款无人驾驶电动装载机。柳钢集团致力于打造"智慧钢铁"生产线，建设包括大型工业互联网平台、智能工厂、智慧运营和智慧园区在内的应用体系，推广如无人行车、智能库存管理、质量检测机器人、产品表面检测和智能门禁系统等创新应用。另外，玉柴集团的子公司玉柴股份建立了集智能制造和环保于一体的"智慧工厂"，其中，国六发动机生产线采用了国际领先的 MES 管理系统和 5G、人工智能等技术，实现了超过 80%的工序自动化和 95%以上的劳动强度降低，使产品质量控制达到国际先进水平。

四、相关的支持政策持续完善

广西制造业的数字化转型得到了政策引导和政府支持的显著推动。近年来，中央政府和国务院推出了网络强国、数字中国、智慧社会等重要战略。为响应这些战略，广西政府实施了一系列措施，包括《广西传统制造业智能化改造升级实施方案》《关于推进工业振兴三年行动方案（2021—2023 年）》《广西实施制造业数字化转型行动方案》以及《广西加快工业互联网发展 推动制造业数字化转型升级行动方案》。这些政策旨在培养工业互联网平台，引导不同规模企业参与数字化进程，并促进广西制造业的高质量发展。同时，政府政策对糖、铝、机械、冶金、汽车、建材等传统制造行业，以及绿色化工、高端金属新材料等新兴制造业产生了积极影响。此外，特色制造业如纺织和精品碳酸钙的发展也在加速。广西工业和信息化厅的负责人指出，2023 年将实施"十百千万"工程，目标是建设 10 个以上工业互联网行业示范平台，100 个标杆应用场景，以及 1 000 个数字化转型试点，从而推动 1 万家规模以上工业企业实现数字化转型。这些举措将进一步巩固广西制造业数字化转型的基础，并指引其未来的高质量发展道路。

五、成功打造跨境产业链和供应链

为了促进跨境产业链和供应链的迅速发展，广西正采取深化与东盟国家的产业合作这一关键战略。根据林春艳和乔文（2023）的研究，制造业高质量发展依赖于产业链和供应链的有效构建。在此背景下，广西特别重视汽车、电子信息、绿色化工等关键产业链，并积极对接国家重大战略计划，如长江经济带和粤港澳大湾区的发展项目。这一过程中，广西不断加深与RCEP成员国以及"一带一路"沿线国家和地区的产业合作关系。此外，广西正在探索创新的产业链开放合作模式，如结合"东盟资源、北部湾制造和粤港澳大湾区市场"的模式，以及"长江经济带和粤港澳大湾区总部+广西制造+东盟市场"的合作框架。广西还在积极利用中国（广西）自由贸易试验区和边（跨）境经济合作区等开放发展平台，发挥其与东盟国家地理接壤的优势。通过利用东盟国家的产能和成本优势，以及国内制造业产业链的完善配套，广西正在加速构建跨区域和跨境的产业链和供应链。同时，广西也在努力复制和推广这些开放合作的新模式，主动吸引东部地区的制造业转移，并快速建设面向东盟的先进制造业基地和开放合作中心。以钦州市为例，该市利用其作为西部陆海新通道主要枢纽的地理优势，与东盟多个国家（如印度尼西亚、文莱、马来西亚）在化工和新能源材料领域建立了初步的跨境产业链合作。钦州市还创建了一套跨区域跨境产业体系，即"国外布局上游供应原料+广西中下游精深加工"的模式，成功地实现了从原油加工到锦纶和涤纶等纤维的完整产业链发展。广西玉柴机器股份有限公司在海外设立了12个办事处，以推动与东盟国家的生产基地项目的建设，积极构建跨境产业链。

第三节 数字经济赋能广西制造业高质量发展的困境

虽然数字化转型对于高质量发展的推动至关重要，但这条道路并非总是一帆风顺的。尽管广西制造业在数字化转型方面已经取得了一些成效，但仍然存在一些挑战和问题需要解决。目前，广西制造业在数字化转型过程中，仍然面临着高级数字化人才短缺、转型决心和动力不足、数字化转型资金匮乏、数字经济龙头企业少以及科技创新能力有待提升等问题。

一、高级数字化人才短缺

高层次人才短缺是制约制造业数字化转型的关键因素之一。在全球市场竞争日益激烈的环境下，多元化的技能、知识和创新力成为推动制造业发展的重要驱动力。尤其在广西，高层次人才匮乏已经成为制约其制造业数字化转型的主要障碍（梁洁，2023）。无论是大数据、人工智能、区块链、物联网等数字技术领域，还是数字经济运营管理方面，都面临着人才短缺问题。尽管广西劳动力资源总体充足，但高层次人才却相对稀缺。

出现这种现象的原因是多方面的。首先，与广东、北京、上海等发达地区相比，广西数字经济发展水平较低，就业结构不完善，发展规模有限，数字经济领域的发展环境无法满足高层次人才需求，因此对数字人才吸引力较弱，人才引进困难。其次，广西高等教育实力相对较弱，数字人才培养规模较小。尽管广西大学作为"211"高校实力较强，但数字化相关专业并非其重点，其他高校的数字化领域人才培养也相对不足。总体而言，广西高校人才培养主要集中在传统产业和传统领域，只有桂林电子科技大学和南宁学院开设了数字经济相关专业。广西不仅在吸引人才方面能力不强，而且在挽留人才方面存在困难，因此本土培养出的人才并不能完全为广西所用。受薪资水平、数字化发展环境以及个人长远发展等因素的影响，数字化相关专业毕业生通常会选择离开广西，前往广州、深圳等东部发达地区的高新技术企业寻求发展机会，导致广西数字人才流失严重（王庆德，2021）。广西目前面临着"人才引进困难且流失严重"的困境，这严重制约了广西数字经济的发展。

二、转型决心和动力不足

广西制造业的转型决心和动力受到公民数字素养、企业转型意识以及地区创新氛围等多重因素的影响，整体上显得不足。人是生产力中最积极活跃的因素（闭煜超，2020）。尽管数字化转型看似是"技术"的转型，但实质上是"人"的转型。人们对数字化转型的理解、接受程度和决心，以及他们所具备的数字技术是制造业数字化转型成功的关键因素，数字化转型目标不明确、实践路径不清晰成为企业数字化赋能高质量发展的主要"拦路虎"（吴宝，2022）。然而，广西的教育水平和居民文化程度普遍较低。据统计，初中及以下文化程度人口占广西常住人口的63.81%，大专及以上文化程度人口仅占 10.73%。一般来说，人们的数字素养与文化程度成正比，因此广西居民的数字素养普遍不高，这限制了其制造业数字化转型的推进力度。此外，广西有许多中小型制造业企业，它们对数字经济的影响力不可忽视。然而，目前广西制造业数字化转型的主力仍然是国有大型企业，如柳工集团、玉柴集团等，许多中小企业对数字化转型的认识和应用积极性不足（沈涛，2023）。这主要是因为，相比于数字化转型带来的长期发展，这些企业更关注短期的生存问题。数字化转型是一个长期过程，其投入并不能立即转化为成果，而中小企业面临的经济困难和竞争压力使他们更加关注短期利益，对数字化转型的长远效益缺乏足够的重视。

三、数字化转型资金匮乏

广西的科技投入难以支撑其数字化转型，这是由其经济基础决定的。数字经济的发展依赖于技术创新和科研投入（张红伟，2022）。科研投入在数字经济发展中起着关键作用，它可以提升数字经济的技术水平，推动数字经济与实体经济的融合，以及驱动数字经济的创新和技术升级。然而，广西财政对科研的投入相对较少，这限制了其数字经济的创新能力。根据国家统计局数据，2022 年我国研发经费投入达到 30 870 亿元，占全国GDP 的比重为 2.55%，而广西研发经费投入仅为 243 亿元，占其 GDP 的比重为 0.9%，远低于全国平均水平。这一数据揭示了广西在科技研发方面投入不足，对数字经济发展形成了制约。只有增加科研投入，广西才能在数字经济领域实现可持续发展，抓住数字经济时代的挑战与机遇。此外，相比于发达地区或一线城市，广西的融资渠道有限，融资环境不够成熟，企业融资难度大。由于中小型企业风险担保机构少，银行对这类企业数字化转型项目的风险认知可能存在不确定性，导致审批严格或利率高，企业难以获取所需资金，数字化转型项目难以启动。广西的投融资服务机构和风险投资基金较少，也限制了其中小型企业在数字化转型方面的资金支持。融资渠道的有限性对企业的数字化转型产生了阻碍，可能导致企业缩小转型规模、推迟项目实施或以滞后的速度进行转型，从而影响企业在数字化转型中的竞争力，错失市场机遇，影响企业的长期发展。

四、数字经济龙头企业少

在推进数字化转型的过程中，广西需要具备全局观，推动各领域的龙头企业和链主企业发挥核心引领作用。这些龙头企业和链主企业是产业链的"领头雁"和"牛鼻子"，它们的行业地位使得它们具有强大的辐射带动能力。利用它们的示范引领作用是提升产业链整体数字化水平的重要策略，可以产生巨大的示范效应，引领甚至倒逼链上企业进行数字化转型（钟茂初，2022）。广西的数字产业企业主要是中小型企业，由于规模限制，这些企业的辐射能力不强，对数字化经济发展的带动能力较弱，难以抵抗市场风险。相反，中国-东盟信息港股份有限公司、数字广西集团等大型国有企业作为广西数字经济的龙头企业，对广西数字经济发展的带动能力较强。然而，由于这类企业数量较少，所以他们的示范引领作用相对有限，难以推动广西数字经济的快速发展。在广西制造业中，柳工集团、玉柴集团以及上汽通用五菱等制造业龙头企业已经开始进行数字化转型，但由于这类龙头企业数量较少，他们的示范带动效应相对有限，推动广西制造业全面实现数字化转型并实现高质量发展仍然面临挑战。截至2022年，广西的数字经济企业存续数量为1.51万家，低于全国平均水平（3.2万家）。广西的数字经济企业市场主体相对薄弱，数字经济龙头企业数量不多，企业的"造血"功能不强，对广西数字经济发展的推动力较弱。然而，随着数字经济活力的不断释放和市场主体规模的不断扩大，广西开始注重市场引培，华为、腾讯、阿里、浪潮、京东等一批数字龙头企业已经在广西设立分公司，不仅带动了广西制造业等产业的快速发展，数字经济龙头企业数量较少的问题也正在逐步得到解决。

五、科技创新能力待提升

广西数字经济发展受到创新能力不足和研发能力较弱的双重制约。核心技术的竞争力是推动数字经济发展的关键因素（高星 等，2023），然而，广西的数字企业在这方面的竞争力相对较弱，整体上缺乏强大的自主研发能力。数字技术如人工智能、5G、大数据等，对科技突破的依赖性极高，如果没有强大的科技创新能力作为支撑，数字技术的发展将会受到限制。虽然核心技术缺乏的问题在我国普遍存在，但在广西地区这一问题尤为突出。科技创新能力的提升需要依赖于高端的科研机构、科研院所、高校等提供的高科技人才，以及大量的科研经费投入。然而，广西地区的科研院所机构数量有限，高校的整体实力并不突出，相比其他地区，科研投入也相对较少，这些因素都成为制约广西数字经济发展的短板和软肋。

根据表 4-1 的数据，2020—2022 年广西的综合科技创新水平指数得分呈现出稳步上升趋势，从 48.29 分提升至 54.82 分。尽管得分有所增长且排名相对稳定，但连续三年得分均未能超过全国平均水平（73.35），在全国排名中仍处于较低位置。特别是与华南六省（区）中的广东、福建等地相比，广西的科技创新水平显然还有待提升。根据相关统计，截至 2022 年底，广西全区有效发明专利数量达到 3.2 万件，每万人口高价值发明专利拥有量为 1.84 件，有效注册商标总数为 46.14 万件，PCT 专利申请 163件。这些数据虽然相比以往有所增长，但从整体上看，广西科研机构的研发能力和基础创新力仍有较大提升空间。

表 4-1　2020—2022 年华南六省（区）综合科技创新水平指数得分情况

年份	指标	广西	云南	贵州	海南	广东	福建
2020	综合科技创新水平指数得分	48.29	48.26	46.95	46.15	81.67	65.32
	全国排名	25	26	27	28	3	13
2021	综合科技创新水平指数得分	53.51	47.47	49.05	48.98	81.55	66.38
	全国排名	24	28	25	26	3	13
2022	综合科技创新水平指数得分	54.82	48.84	53.82	53.36	82.12	66.54
	全国排名	24	29	25	26	4	15

数据来源：中国科学技术发展战略研究院。

第四节　本章小结

本章致力于深入探讨数字经济赋能广西制造业高质量发展的动因、成效以及困境，旨在揭示广西数字经济与制造业的现状和问题，为后续的实证研究提供坚实的理论基础。

（1）本章在探讨数字经济赋能广西制造业高质量发展的动因时，从内部和外部两个角度进行了阐述。从内部驱动力角度看，广西数字经济的迅速崛起使得企业的数字化转型能够提升生产效率、降低运营成本、增强数据驱动决策能力，以及提升创新能力和市场适应性；从外部驱动力角度看，数字经济的发展受到当前实际问题和挑战、技术进步和行业发展趋势的影响，以及政策和市场竞争压力的推动。

（2）本章评估了数字经济赋能广西制造业高质量发展的成效，发现广西对数字经济的发展给予了高度重视，不断推出新的规划和政策，加速了数字基础设施的建设，大力推动数字产业的发展，并致力于打造"数字广西"，以培育和塑造新的经济增长点。这些努力已经取得了初步成效，主要体现在数字经济的发展态势强劲、新基建的支持力度不断增强、生产质量和效率显著提升、相关的支持政策持续完善以及成功打造跨境产业链和供应链等方面。

（3）本章还深入剖析了数字经济赋能广西制造业高质量发展所面临的困境。尽管数字经济的发展为广西制造业的高质量发展提供了新的机遇，并成为推动制造业发展的重要动力，但由于广西数字经济的发展仍处于初级阶段，因此在推动制造业高质量发展方面仍存在一些困境。这些困境主要包括高级数字化人才短缺、转型决心和动力不足、数字化转型资金匮乏、数字经济龙头企业少以及科技创新能力待提升等。

第五章　广西数字经济与制造业高质量 发展的耦合协调度

为了深入验证数字经济是否能够促进广西制造业实现高质量发展，本章重点测算了广西数字经济的发展水平及其制造业的高质量发展水平，这将为第六章的实证分析奠定基础。此外，本章对广西 14 个地级市的数字经济与制造业高质量发展的耦合协调程度进行了测量。通过从静态和动态两个维度分析，本章旨在揭示两者耦合协调发展的时空特征及其动态演进规律。全面和客观的分析能够帮助我们深入理解广西数字经济与制造业高质量发展之间的匹配状况，从而能够为政府部门在推动这两个领域的耦合协调发展方面提供有力的参考和依据。

在加快建设数字中国的时代背景下，云计算、智慧工厂、人工智能、5G 通信等先进数字技术应用正在不断推进，从而加速数字经济快速发展，并深入渗透到制造业领域。数字经济依托于 5G 网络、人工智能等尖端技术及现代信息网络，与实体经济深度融合，已成为推动中国经济发展的关键动力。同时，制造业高质量发展正通过运用数字创新技术，打通研发、制造、销售的联动通道，全面提升企业竞争力。

广西在数字基础设施建设方面稳步推进，互联网发展整体呈现良好趋势，数字化发展已进入成熟期。根据《广西数字经济发展白皮书（2023年）》，2022 年广西数字经济规模已超过 9 300 亿元，同比增长率超过10%，数字经济核心产业正在持续壮大。同时，广西制造业总产出呈上升趋势，无论是低端、中端还是高端技术制造业领域，广西在西部地区均位居第二梯队。

当前研究越来越关注数字经济与制造业转型升级，取得了丰富的研究成果。研究发现，数字经济与制造业高质量发展之间存在耦合协调关系，数字经济能够从创新能力、人力资本、产业升级等方面为制造业高质量发展提供支持，而制造业高质量发展也将刺激技术创新需求的增长，并促进数字经济规模扩大。

本章的贡献主要体现在以下几个方面：首先，基于广西 14 个地级市的数据，评估各城市数字经济和制造业高质量发展水平及其耦合协调程度。其次，按照三个经济带划分，研究数字经济与制造业高质量发展耦合协调关系的时空演化特征。最后，通过探讨发展水平和协调程度的区域差异原因，并从完善数字基础设施、实施差异化政策支持以及发挥核心城市的辐射带动作用等方面提出建议，以促进制造业企业稳步向数字化转型迈进。

第一节 耦合协调度模型构建

在构建多层次指标体系时，关键之一是客观地确定各指标的权重。为此，学者们通常采用多种方法，包括算术平均法、主成分分析法、熵权法和综合功效函数等研究方法。为了科学地测量和评估两个系统的耦合协调性，常用的方法和数学模型包括耦合协调度模型和灰色关联度分析。在本书中，针对数字经济和制造业高质量发展的指标体系，我们采用熵权法来计算两个系统中各指标的权重，并据此测算其综合发展指数。此外，本章还构建了数字经济与制造业高质量发展的耦合协调度模型，通过协调度和耦合协调度的分析，描绘数字经济和制造业高质量发展两个系统之间的互动关系，并分析这两个子系统相互作用的影响程度。

一、研究方法选择：熵权法

第一步，数据标准化处理。

由于不同指标的性质、量级存在差异，不具备直接可比性，因此需对原始数据进行标准化处理，采用极差法将其转化为无量纲的相对数值，便于在同一基准下进行比较、加权平均等操作。

对于正向指标，采用的公式为

$$b_j(it) = \frac{a_j(it) - \min[a_j(it)]}{\max[a_j(it)] - \min[a_j(it)]} \tag{5-1}$$

对于负向指标，采用的公式为

$$b_j(it) = \frac{\max[a_j(it)] - a_j(it)}{\max[a_j(it)] - \min[a_j(it)]} \tag{5-2}$$

其中，j 代表系统中的指标，i 代表地级市，t 代表年份，$b_j(it)$ 代表第 t 年地级市 i 的第 j 个指标的标准化数值，$a_j(it)$ 代表第 t 年地级市 i 的第 j 个指标的原始数值，max 和 min 分别代表最大值和最小值。

为后续数据处理及分析的便利，我们对标准化后的结果进行整体平移，以消除零值，为遵循数据的原有内在规律，q 取任意实数且尽可能小，以便不影响标准化结果原有特征，因此 q 取 0.000 01，即

$$b_j(it) = b_j(it) + q \qquad (5\text{-}3)$$

第二步，确定各指标比重。

$$h_j(it) = b_j(it) \bigg/ \sum_{j=1}^{n} b_j(it) \qquad (5\text{-}4)$$

$(j = 1, 2, 3, \cdots, n; \ i = 1, 2, 3, \cdots, m; \ t = 1, 2, 3, \cdots, p)$

其中，$\sum_{i=1}^{n} b_j(it)$ 表示标准化结果平移后的第 j 指标地级市所有年份的统计值之和。

第三步，计算各指标熵值。

$$e_j(it) = -\frac{1}{k} \sum_{j=1}^{n} \left[h_j(it) \times \ln h_j(it) \right] \qquad (5\text{-}5)$$

$(j = 1, 2, 3, \cdots, n; \ i = 1, 2, 3, \cdots, m; \ t = 1, 2, 3, \cdots, p)$

其中，$k > 0$，$k = \ln(t)$，i 表示地级市个数，t 表示观察期年数。

第四步，测算各指标权重。

$$v_j(it) = 1 - e_j(it) \bigg/ \sum_{j=1}^{n} e_j(it) \qquad (5\text{-}6)$$

其中，$v_j(it)$ 表示第 j 个指标的权重，n 表示指标个数。

二、耦合模型

耦合模型一般用于描述系统之间的耦合关系强弱程度，借鉴王裕瑾和李梦玉（2023）的研究，我们构建了数字经济与广西制造业高质量发展的耦合度模型，公式如下：

$$C = \left[\frac{u_1 \times u_2}{(u_1 + u_2)} \right]^{\frac{1}{2}} \qquad (5\text{-}7)$$

其中，C 表示数字经济与广西制造业高质量发展两个系统之间的耦合度，u_1 表示数字经济水平指数，u_2 表示广西制造业高质量发展指数。两个系统的耦合度 C 取值区间为 $[0, 1]$，耦合程度越强，数值越趋于 1。

三、耦合协调度模型

耦合协调度仅表现数字经济与广西制造业高质量发展两个系统之间的影响程度，未能深入揭示系统各要素间的协调程度，通过构建耦合协调度模型，我们将两个系统的耦合度和发展水平相结合，综合评价系统各要素间的耦合协调程度，公式如下：

$$T = \alpha u_1 + \beta u_2 \tag{5-8}$$

$$D = (C \times T)^{\frac{1}{2}} \tag{5-9}$$

其中，T 代表数字经济与广西制造业高质量发展两个系统的综合协调指数，体现两个系统的整体协调程度；α 和 β 是待定系数，且 $\alpha + \beta = 1$，一般将两个系统视为同等重要，因此 $\alpha = \beta = 0.5$；D 表示两个系统的耦合协调度，取值范围是 [0，1]，D 越大说明两个系统的发展水平越协调，反之则说明两个系统之间的协同程度低。

参考魏奇锋等（2021）的研究，我们将耦合协调度分为十个区间，分别对应十个协调等级，囊括三个耦合发展阶段，如表 5-1 所示。

表 5-1　耦合协调度等级划分标准

耦合协调度取值	协调等级	耦合发展阶段
$0 \leqslant D < 0.10$	极度失调	
$0.10 \leqslant D < 0.20$	严重失调	低水平耦合协调阶段
$0.20 \leqslant D < 0.30$	中度失调	
$0.30 \leqslant D < 0.40$	轻度失调	
$0.40 \leqslant D < 0.50$	濒临失调	
$0.50 \leqslant D < 0.60$	勉强协调	耦合协调磨合阶段
$0.60 \leqslant D < 0.70$	初级协调	
$0.70 \leqslant D < 0.80$	中级协调	
$0.80 \leqslant D < 0.90$	良好协调	高水平耦合阶段
$0.90 \leqslant D < 1.00$	优质协调	

第二节 评价指标体系构建

在构建数字经济和高质量发展的评价指标体系方面，国内外学者由于面临不同的研究对象，通常会在指标选择和数据统计方法上存在差异。针对数字经济的评价，本章借鉴相关学者的研究成果，从基础设施、应用发展和创新能力这三个关键维度出发。而在评估制造业的高质量发展水平时，本章依据新发展理念中的"创新、协调、绿色、开放、共享"5个目标，综合评价广西14个地级市的数字经济和制造业发展水平。

一、数字经济发展指标的选择

在学术研究中，熵值法作为一种广泛应用的方法，被用于衡量数字经济的发展水平。然而不同学者在指标的选择上存在差异。例如，赵涛等（2020）和刘新智等（2021）主要从互联网发展和数字金融两个角度评估城市的数字经济发展水平。蔡跃洲等（2021）则将数字经济划分为数字产业化和产业数字化两个维度进行评估。朱金鹤等（2021）和李治国等（2021）选择互联网普惠金融、互联网普及率以及互联网相关产出等指标来衡量城市的数字经济发展水平。在省级面板数据的指标选择上，学者们通常采用更全面的评价体系，包括一级和二级指标。例如，李晓钟等（2021）选取了数字基础、应用能力、产业支撑、发展能力4个一级指标和14个二级指标。王如意（2018）采用了数字经济基础设施、核心产业以及融合应用等一级指标体系。陈芳（2019）选取了经济效率、社会进步、结构优化、资源环境4个一级指标来综合评价中国数字经济的发展质量。蓝国娇（2020）则选择了数字基础设施、数字产业、融合发展以及发展环境4个一级指标来衡量中国中部地区的数字经济发展水平。

综合上述学者的研究，本书构建了一个数字经济发展水平评价指标体系，如表5-2所示。我们从基础设施、应用发展、创新能力三个维度选取7个二级指标，并进一步细分为8个三级指标，以期评价广西14个地级市的数字经济发展水平。

在数字基础设施方面，数字经济依赖于5G通信、大数据、云计算等高新技术，为社会各行各业提供赋能，而国家及地区的数字基础设施覆盖率和完善度对企业实现数字化转型和构建核心竞争力至关重要。本书选取互联网普及率和移动互联网用户数作为评价指标。

在数字应用发展方面，互联网的普及和发展为电子商务、在线教育等领域提供基础设施。随着数字化的深入渗透，应用场景也在不断扩展。本书选取数字产业从业人员结构和互联网相关产出维度的指标，从侧面反映数字应用的发展潜力。

在数字创新能力方面，数字经济时代，创新投入和高等人才储备是推动地方企业数字化转型的核心驱动力。因此，本书采用高等学校在校生数量、财政科技支出占财政支出比重以及数字金融普惠发展指标作为评价指标。

表 5-2　数字经济发展水平评价指标体系

一级指标	二级指标	三级指标	单位	权重/%	指标方向
数字基础设施	互联网普及率	互联网用户数	户/百人	7.71	+
	移动互联网用户数	移动电话用户数	户/百人	6.34	+
数字应用发展	数字产业从业人员结构	计算机服务和软件从业人员占比	%	5.72	+
	互联网相关产出	人均电信业务总量	万元	6.51	+
数字创新能力	高等学校在校生数量	普通高等学校在校学生数量	人	37.15	+
	财政科技支出占财政支出比重	科学技术支出	万元	19.07	+
		地方一般公共预算支出	万元	10.74	+
	数字金融普惠发展	中国数字普惠金融指数	%	6.77	+

二、数字经济发展指标的解释

（1）互联网用户数

互联网用户数是衡量互联网普及程度的关键指标，它指的是在特定时间段内活跃使用互联网的人数。较高的用户数不仅表明该地区拥有更广泛的互联网访问和使用机会，还反映出该地区居民对互联网的普遍认知水平、对新技术的接受度以及信息技术的传播效率。

（2）移动电话用户数

移动电话用户数是衡量一个地区通信发展水平的重要指标。它不仅反映该地区的通信网络覆盖度和服务质量，还能间接体现地方政府在基础设施建设和数字经济发展方面的规划能力。

（3）计算机服务和软件从业人员占比

计算机服务和软件行业是地区产业结构转型的关键领域。通过分析该行业从业人员在第三产业中的比重，可以深入了解该行业在整体就业市场中的地位，以及该地区在技术创新和信息技术服务方面的发展水平。

（4）人均电信业务总量

人均电信业务总量是衡量电信服务普及程度的有效指标。它通过计算电信业务总量与地区常住人口的比值，提供每个人平均使用电信服务程度的量化数据，从而反映出该地区电信网络的建设和普及情况。

（5）普通高等学校在校学生数量

普通高等学校在校学生数量通过统计包括本科和研究生院校在内的普通高等学校年末在校学生总数，反映该地区在数字经济发展背景下对高等教育人才培养的投入和成效。

（6）科学技术支出

科学技术支出反映地区在科学研究、技术创新和科技领域的投资水平。这些支出通常用于自主科学研究项目、科技人才培养和科研机构建设等方面，是评估该地区经济发展、技术竞争力和创新能力的关键指标。

（7）地方一般公共预算支出

地方一般公共预算支出展示地区政府对数字经济的支持力度，特别是在基础设施建设方面的投入。良好的通信、电力和交通基础设施是数字化产业发展的基石，对促进地区数字经济的增长至关重要。

（8）中国数字普惠金融指数

中国数字普惠金融指数衡量数字金融普及和普惠的程度，反映数字金融作为数字经济重要组成部分的发展水平。数字金融的广泛应用不仅能够为经济创新提供金融支持，还能够为技术发展提供坚实的基础。

三、制造业高质量发展指标的选择

在研究制造业高质量发展时，单一指标主要聚焦于经济增长的质量和效率，以及新发展理念的实现情况（郭芸 等，2020；张涛，2020）。这种方法将高质量发展的概念具体化为经济增长的质量或效率，通常通过全要素生产率（特别是绿色生产率）、创新绩效、产业结构优化等单一指标进行量化（石大千 等，2019；陈丽姗 等，2019）。同时，一些学者也提出多维度评价体系，如朱高峰和王迪（2017）从规模、效益、结构和可持续发展四个维度构建制造强国评价体系；而唐红祥等（2019）则从供给侧结构性改革的角度，结合"三大变革"内容，评估中国制造业的发展质量。

高质量发展不仅关注经济增长的质量和数量，还涵盖环境、人力资源等社会要素的综合考量（高运胜 等，2020；宁朝山，2020）。随着经济高质量发展概念的普及，结合新发展理念的制造业高质量发展评价体系也相继被提出（曲立 等，2021；张鑫宇 等，2022）。例如，马宗国和曹璐（2020）提出的指标体系包括效益增长、创新发展、绿色发展、开放合作、社会共享 5 个一级指标和 14 个二级指标。吴东武等（2021）则认为，该体系应包含科技创新、供给质量、绿色制造、开放发展、成果共享 5 个一级指标和 24 个二级指标。

总结文献中有关高质量发展的内涵和特征，参考马宗国和曹璐（2020）构建的指标体系，本书从创新、协调、绿色、开放和共享 5 个目标出发，结合广西制造业的发展现状，选取 12 个层次以及 21 个三级指标组成针对广西各地级市制造业高质量发展水平的评价指标体系，如表 5-3 所示。

表 5-3　广西制造业高质量发展水平评价指标体系

一级指标	二级指标	三级指标	单位	权重/%	指标方向
创新驱动	科教投入	科技投入强度	%	3.29	+
		教育投入强度	%	1.48	+
	专利水平	专利获得量	个	10.71	+
协调发展	金融发展	金融存贷情况	%	0.96	+
	人民生活	单位人均收入	元	5.89	+
		非房地产投资占固定资产投资比重	%	0.35	+
	产业结构	第三产业比重	%	1.85	+

表5-3(续)

一级指标	二级指标	三级指标	单位	权重/%	指标方向
绿色发展	三废排放	工业废水排放量	吨/万元	12.65	−
		工业二氧化硫排放量	吨/万元	12.79	−
		工业烟(粉)尘排放量	吨/万元	6.65	−
	污物处理	一般工业固体废弃物综合利用率	%	1.17	+
		污水处理厂集中处理率	%	1.06	+
		生活垃圾无害化处理率	%	1.01	+
开放发展	外资概况	外资利用	亿美元	10.13	+
	外企概况	外资企业总产值	亿元	11.42	+
		外资企业数	个	5.53	+
共享发展	社会福利	医疗水平质量	个/万人	3.82	+
		在岗职工工资	元	3.33	+
		城市绿化率	%	0.85	+
	消费水平	社会零售品消费占GDP比重	%	2.04	+
	政府负担	财政支出占财政收入比重	%	3.02	+

(1)创新驱动方面

随着大数据、人工智能技术的快速发展,制造业技术创新以及管理体系创新已是大势所趋。针对制造业创新能力的评价,学者们大多从技术创新投入与产出维度构建指标,本书选取科教投入以及专利水平指标。

(2)协调发展方面

制造业高质量发展不仅要考虑规模的扩大,同时还需注重产业结构的协调等多方面因素,本书选取金融存贷情况、单位人均收入以及第三产业比重等指标考量制造业的协调发展。

(3)绿色发展方面

"双碳"目标下,工业绿色化已成潮流所向,制造业在迈向低碳高质量发展的新阶段中,利用新能源、持续创新绿色产品、应用绿色创新技术是必经之路。本书借鉴相关文献的指标体系,从三废排放和污物处理方面各选取3个指标,用于评价制造业绿色发展程度。

（4）开放发展方面

提高外资利用率，引进外资企业，能够为当地制造业引入先进技术以及更新原有资源配置，促进制造业实现质量变革。本书选取外资利用、外资企业总产值以及外资企业数指标来衡量开放发展程度。

（5）共享发展方面

制造业高质量发展的落脚点终归是造福人民，因此，我们将民生共享维度也纳入本书指标构建体系中。本书选取医疗水平质量、在岗职工工资、城市绿化率等指标用于评价该地区共享发展水平。

四、制造业高质量发展指标的解释

（1）科技投入强度

科技投入强度可以衡量当地政府在科技领域的关注度和投入程度，是科技投入和当地财政支出的比值。由于科技投入很大一部分流向制造业，因此科技投入的增加有助于提升制造业的研发能力和创新能力，从而实现制造业高质量发展。

（2）教育投入强度

教育投入强度是教育投入和当地财政支出的比值，反映该地区在教育领域中所投资源的水平。人才教育体系高质量发展有助于巩固深化制造业领域科技成果。

（3）专利获得量

专利获得量反映该地区的企业在创新领域中的成果和竞争力，是年末该地区从事工业研究与规模以上的制造业科研与试验发展人员的专利获取量。

（4）金融存贷情况

金融存贷情况反映金融领域存款和贷款余额的平衡和稳定情况，该指标稳步增长可助推制造业产业升级和创新发展。

（5）单位人均收入

单位人均收入是该地区总收入与当地常住人口的比值，反映该经济区域的平均收入水平，在一定程度上体现该区域财富分配情况以及人民生活水平。

（6）非房地产投资占固定资产投资比重

非房地产投资占固定资产投资比重是非房地产投资与固定资产投资的

比值，反映该地区投资结构优化程度，该指标的提升从侧面反映出靠以房地产为主的固定资产投资拉动经济的格局正在改变。

（7）第三产业比重

第三产业比重是第三产业在总产出中所占的比例，反映该地区的经济结构转型和发展趋势。较高的第三产业比重意味着区域经济中服务业对经济增长的贡献度较高，该指标的提升有助于推动我国工业化和现代化进程。

（8）工业废水排放量

工业废水排放量反映制造业废水排放情况，该指标数值越低，说明该区域的绿色发展情况越好。由于制造业统计数据较难获取，因此该指标的数据以工业废水排放量与工业产值的比值代替。

（9）工业二氧化硫排放量

工业二氧化硫排放量反映该地区制造业废气排放对空气质量的影响，该指标越低，说明该区域政府、企业对绿色低碳发展的重视程度越高。由于制造业废气排放数据难以获取，本书采用工业二氧化硫排放量与工业产值的比值代替。

（10）工业烟（粉）尘排放量

工业烟（粉）尘排放量反映制造业企业对大气环境的污染程度和污染物排放水平。固体废弃物排放量越低，说明制造业的绿色发展水平越高。因制造业固体废弃物排放量数据难以获取，本书采用工业烟（粉）尘排放量与工业产值的比值代替。

（11）一般工业固体废弃物综合利用率

一般工业固体废弃物综合利用率是指一般工业固体废弃物综合利用量占工业固体排放物产出量的比重，该指标可以衡量该地区对绿色发展的重视程度。

（12）污水处理厂集中处理率

污水处理厂集中处理率反映某一城市污水集中收集处理设施的配套程度，是评价地区污水处理工作的标志性指标，该指标数值越高，说明绿色发展水平越高。

（13）生活垃圾无害化处理率

生活垃圾无害化处理率反映城市生活垃圾的绿色化处理能力，是报告期生活垃圾无害化处理量与生活垃圾产生量的比值。该指标越高，说明该区域绿色低碳发展程度越高。生活垃圾的无害化、减量化、资源化处理是该地区制造业朝着绿色化方向发展，逐渐步入高质量发展阶段的体现。

（14）外资利用

外资利用反映该地区经济建设和产业升级的情况，是外资投资消费净额与外资进入量的比值。

（15）外资企业总产值

外资企业总产值是指外国直接投资企业在特定时期内创造的总产值，是反映外资企业发展、当地对外开放程度和外资企业对地区经济贡献的重要指标之一。该指标的增长可以推动经济结构优化升级，通过促进当地产业技术升级和创新能力的提升，助推高端制造业发展。

（16）外资企业数

外资企业数反映制造业外商投资规模的结构情况，一个地区该指标的提升，说明当地制造业企业的经济效益和技术创新能力随之提升，该区域制造业发展水平良好。

（17）医疗水平质量

医疗水平质量是反映经济高质量发展中的社会福利水平，采用的是医师数与该地常住人口的比值。该地区的医疗资源齐备，医疗队伍中人才储备充足，有助于提升该地区居民的生活满意度，为制造业企业职工提供医疗保障。

（18）在岗职工工资

在岗职工工资是指企事业单位就业的劳动者所获得的工资收入，该指标能够反映该地区劳动者的工资待遇水平以及未来的发展空间。

（19）城市绿化率

城市绿化率是城市地区中绿化面积与总用地面积的比值，可用于衡量城市生态环境质量和绿色发展水平。较高的城市绿化率意味着城市拥有的绿化面积广阔，可提供丰富的生态功能和生态服务。

（20）社会零售品消费占 GDP 比重

社会零售品消费占 GDP 比重反映经济增长的贡献和经济结构的消费特征。该指标的高比重在一定程度内可视作该地区经济发展的信号，同时也意味着该地区经济更多依赖内需。

（21）财政支出占财政收入比重

财政支出占财政收入比重用于衡量地区财政健康状况和财政可持续

性，该指标的适度性有助于提升政府财政管控的灵活性。

五、数据来源与数据处理

本书以广西壮族自治区 14 个地级市为研究对象，选取 2011—2021 年的相关数据进行研究。所使用的数据源自观察年度的《中国城市统计年鉴》《广西统计年鉴》《北京大学数字普惠金融指数》，以及各地级市的统计年鉴、官方统计公报等。由于某些年份个别地级市的统计数据缺失，本书基于相邻年份的数据，采用插值法运用平均增长速度、综合占比、取平均值等方式进行补充。

第三节　数字经济发展的时空特征

本节基于广西 14 个地级市 2011—2021 年的研究数据，对其数字经济水平、制造业高质量发展以及耦合协调度评价进行评估。以三个经济带进行划分，广西数字经济、制造业高质量发展均呈现逐年上升向好发展，同时区域差异较为明显，而数字经济与制造业高质量发展日趋协调，但仍处于低水平状态。

从整体来看，广西 14 个地级市的数字经济水平在 2011—2021 年呈现波动上升趋势。如图 5-1 所示，11 年间广西数字经济发展指数测算值区间为 [0.030 7, 0.637 5]，总体呈现中部>东北部>西部，且区域数据经济水平的分层布局未随时间推移而发生显著变化。"十二五"规划至"十四五"规划期间，广西各地级市数字经济水平明显上升，但总体发展水平较低，由图 5-1 可知，除南宁市、桂林市及柳州市，其余地市数字经济发展指数均低于 0.4。数字经济发展指数超过 0.4 的三个地级市——南宁、桂林、柳州是广西经济发展的"三驾马车"，分别以东盟桥头堡、文化名城和工业重镇著称。

我们将广西 14 个地级市划分为北部湾经济区、西江经济带和左右江革命老区。由表 5-4 可见，2011—2021 年仅北部湾经济区的数字经济发展水平基本高于广西均值，西江经济带围绕均值上下波动，而左右江革命老区则常年处于均值下方，表明广西各地区的数字经济发展水平参差不齐。

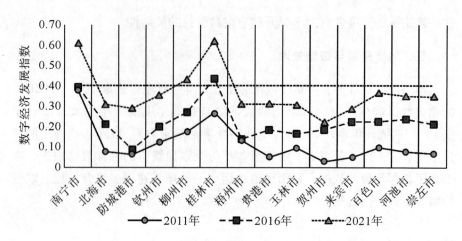

图 5-1　部分年份广西各地级市数字经济发展指数

表 5-4　广西分区域数字经济发展指数时间演化情况

区域	2011 年	2012 年	2013 年	2014 年	2015 年	2016 年	2017 年	2018 年	2019 年	2020 年	2021 年
北部湾经济区	0.162	0.163	0.264	0.231	0.260	0.223	0.262	0.314	0.352	0.350	0.392
西江经济带	0.115	0.146	0.170	0.194	0.223	0.230	0.259	0.259	0.324	0.343	0.356
左右江革命老区	0.081	0.152	0.153	0.188	0.175	0.224	0.221	0.297	0.299	0.324	0.356
均值	0.119	0.153	0.196	0.204	0.219	0.226	0.247	0.290	0.325	0.339	0.368

　　2021 年，习近平总书记在赴广西考察时强调，广西要在推动边疆民族地区高质量发展上闯出新路子。从表 5-4 可见，2018 年后，3 个区域的数字经济发展指数均趋于 0.3，原因可能是前期持续推进的中国-东盟信息港重大战略取得阶段性成果，区域数字经济发展驱动力大幅提升。且从近 10 年数字经济发展水平增长跨度来看，左右江革命老区数字经济发展指数由原先 0.081 提升至 0.356，实现近 0.3 的跃升，其次是西江经济带和北部湾经济区。

　　从数字经济细分的数字基础设施、数字应用发展以及数字创新能力三个子系统来看，广西各地级市的数字创新能力相较于其他两个方面更为强劲，但总体发展水平仍然较低。从图 5-2 可见，广西数字经济仍面临基础薄弱、总量规模小、数字经济重点技术领域及产业集群带动作用不强等问题。

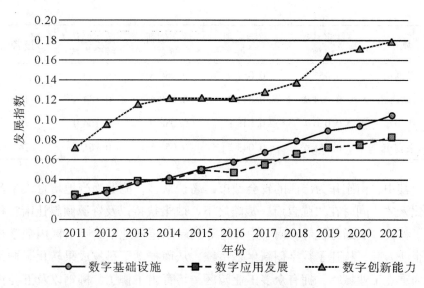

图 5-2 广西数字经济子系统发展指数

具体到地级市的数字经济发展情况，如表 5-5 所示，广西 14 个地级市间的差异较为显著。南宁、桂林及柳州依旧处于广西数字经济发展的第一集团，其数字经济综合指数显著高于区内其他地级市，作为广西经济发展的"三巨头"，这三座城市的数字经济发展环境较好。

表 5-5 广西 14 个地级市数字经济发展排名

城市	数字基础设施	数字应用发展	数字创新能力	数字经济综合指数	排名
南宁市	0.054 3	0.050 8	0.401 5	0.506 6	1
桂林市	0.059 3	0.056 5	0.320 4	0.436 2	2
柳州市	0.054 0	0.047 7	0.184 1	0.285 9	3
百色市	0.061 1	0.050 4	0.131 5	0.243 0	4
玉林市	0.065 4	0.053 3	0.100 6	0.219 2	5
河池市	0.063 8	0.062 2	0.092 6	0.218 7	6
崇左市	0.057 1	0.056 0	0.098 8	0.211 9	7
梧州市	0.065 7	0.055 4	0.089 6	0.210 7	8
北海市	0.057 1	0.050 1	0.090 1	0.197 3	9
钦州市	0.062 3	0.052 6	0.078 1	0.193 1	10

表5-5(续)

城市	数字基础设施	数字应用发展	数字创新能力	数字经济综合指数	排名
贵港市	0.065 2	0.057 9	0.066 3	0.189 4	11
防城港市	0.074 9	0.059 3	0.050 6	0.184 8	12
贺州市	0.056 4	0.048 8	0.058 9	0.164 0	13
来宾市	0.061 4	0.043 7	0.056 3	0.161 4	14

其中，南宁作为广西的省会城市，高校众多，能够为当地培育大量数字化人才。同时在"强首府"战略之下，政策扶持以及资源倾斜让南宁积累了科技、交通等优势。南宁中关村等创新示范基地不断吸引区内数字核心企业入驻，构建了数字创新生态系统，从而推动了科技成果转化。柳州作为重点工业城市，拥有众多工业园区，培育出了柳工、柳钢以及五菱汽车等大型制造业集团。相关制造业企业集聚为广西数字经济成果转化和产品应用提供了有利条件。而桂林近年来积极布局电子信息产业，努力建设华为信息生态产业、中电数字经济产业园以及花江智慧谷电子信息创业产业园三大产业集聚区，以超百家科研基地载体为支撑，为广西数字经济发展提供了极佳的"蓄水池"。

统观2011—2021年广西14个地级市的数字经济水平评价综合指数及排名（见表5-6），广西总体数字经济发展水平不高，但增长势头强劲。分区域看，左右江革命老区进步明显，西江经济带总体稳定，北部湾经济区增速减缓。

北部湾经济区的4个地级市中，中心城市南宁始终位列前三名，钦州进步最快，北海和防城港排名上下波动较为明显。依托"北钦防一体化"战略，北部湾经济核心区以创新驱动强化"数字化+边海港口"联动效应，同时作为服务"一带一路"及其他RCEP成员国的国际高地，该区域的数字化核心产业转型发展所需的基础设施和创新技术较为雄厚。

西江经济带中的柳州和桂林始终名列前茅，来宾和贺州的数字经济水平常年处于中等偏下水平。西江作为南方的"黄金水道"，近三年建设成果显著，新兴产业进一步发展，钢铁、煤炭等制造业向数字化转型升级。

由于地理环境及历史原因，左右江革命老区的总体数字经济发展较为缓慢。其主要原因有：一是左右江革命老区仍以低附加值、低利润的初级加工产业为主。以有色金属产业链为例，左右江革命老区更多经营铝锰金属加工业务，但适用于航天航空等高端铝生产、高纯铝深加工领域仍处于空白。二是由于新能源等新兴产业布局较晚，总体规模偏小、科创能力较弱，高新技术企业数量较少，以至于数字化创新应用成效尚未形成规模效应。

表 5-6　2011—2021 年广西 14 个地级市的数字经济水平评价综合指数及排名

区域	城市	2011年	2012年	2013年	2014年	2015年	2016年	2017年	2018年	2019年	2020年	2021年
北部湾经济区	南宁	0.381	0.419	0.638	0.558	0.501	0.395	0.400	0.441	0.631	0.599	0.610
	排名	1	1	1	1	1	2	2	2	1	1	2
	北海	0.079	0.133	0.168	0.152	0.175	0.212	0.176	0.265	0.269	0.229	0.313
	排名	8	6	6	9	9	8	14	8	10	14	8
	防城港	0.065	0.058	0.159	0.097	0.141	0.086	0.234	0.290	0.306	0.306	0.290
	排名	11	12	8	14	11	14	9	6	6	9	12
	钦州	0.124	0.042	0.091	0.118	0.225	0.201	0.237	0.261	0.202	0.268	0.356
	排名	5	14	11	13	5	9	8	8	14	11	5
西江经济带	柳州	0.175	0.230	0.203	0.245	0.269	0.271	0.249	0.301	0.345	0.427	0.431
	排名	3	3	3	3	3	3	3	3	3	3	3
	桂林	0.268	0.309	0.390	0.360	0.431	0.435	0.400	0.497	0.555	0.531	0.623
	排名	2	2	2	2	1	1	1	1	2	2	1
	梧州	0.131	0.073	0.133	0.193	0.223	0.140	0.250	0.282	0.261	0.322	0.310
	排名	4	11	9	5	6	13	5	7	11	6	10
	贵港	0.052	0.105	0.085	0.156	0.151	0.184	0.211	0.216	0.303	0.309	0.311
	排名	12	9	12	8	10	11	11	11	7	8	9
	玉林	0.095	0.161	0.205	0.164	0.228	0.166	0.259	0.184	0.337	0.304	0.308
	排名	7	5	4	7	4	12	3	13	4	10	11
	贺州	0.031	0.088	0.082	0.122	0.127	0.189	0.258	0.191	0.233	0.260	0.223
	排名	14	10	13	11	13	10	4	12	12	12	14
	来宾	0.049	0.055	0.094	0.121	0.131	0.227	0.188	0.145	0.230	0.246	0.288
	排名	13	13	10	12	12	5	13	14	13	13	13

表5-6(续)

区域	城市	2011 年	2012 年	2013 年	2014 年	2015 年	2016 年	2017 年	2018 年	2019 年	2020 年	2021 年
左右江革命老区	百色	0.097	0.201	0.163	0.243	0.200	0.223	0.240	0.329	0.286	0.324	0.367
	排名	6	4	6	4	8	6	7	3	9	5	4
	河池	0.078	0.125	0.216	0.170	0.109	0.239	0.197	0.310	0.292	0.317	0.352
	排名	9	8	3	6	14	4	12	4	8	7	6
	崇左	0.068	0.129	0.078	0.150	0.217	0.210	0.227	0.251	0.320	0.331	0.350
	排名	10	7	14	10	4	7	10	10	5	4	7

第四节　制造业高质量发展的时空特征

本节基于 2011—2021 年广西 14 个地级市在制造业高质量发展方面的面板数据,运用熵权法计算这一时期内各城市制造业高质量发展的综合平均得分。综合分析结果显示,广西地区的制造业高质量发展水平整体上呈现出逐年增长的趋势。在对三个主要经济区的城市进行分析时发现,这些城市在制造业高质量发展的排名和增长速度方面并未出现显著变化。

从表 5-7 可知,在北部湾经济区内,南宁的制造业高质量发展水平显著超越北海、钦州和防城港三市。这一结论得到 2021 年赛迪顾问发布的中国先进制造业百强企业名单的支持,其中南宁与柳州均获得认可。南宁具备制造业高质量发展优势的原因为:①区位与产业集聚。南宁作为自治区首府,享有显著的区位优势。这一优势体现在产业集聚度较高以及财政科技投入的强度较大。例如,2023 年南宁对区级重点制造业项目的投资达到50.7 亿元,这些项目主要集中在新能源电池、铝材、高端智能装备制造等领域。②科研教育资源集中。南宁拥有丰富的科研教育资源,包括 36 所高等院校和专业技术学校。这些教育机构与华为-南宁数字经济产业创新中心等企业和机构合作,共同建立了科技创新平台,组建了高水平的创新团队。这种产学研教的紧密结合,不仅促进了科技创新体系的完善,也有助于创新成果的商业化应用。

表 5-7 2011—2021 年北部湾经济区制造业高质量发展指数

年份	南宁市	增长率	北海市	增长率	防城港市	增长率	钦州市	增长率
2011	0.296	—	0.157	—	0.146	—	0.157	—
2012	0.279	-0.057	0.138	-0.121	0.152	0.041	0.134	-0.146
2013	0.344	0.233	0.155	0.123	0.147	-0.033	0.193	0.440
2014	0.328	-0.047	0.161	0.039	0.169	0.150	0.154	-0.202
2015	0.336	0.024	0.136	-0.155	0.172	0.018	0.178	0.156
2016	0.322	-0.042	0.165	0.213	0.175	0.017	0.149	-0.163
2017	0.343	0.065	0.160	-0.030	0.149	-0.149	0.159	0.067
2018	0.327	-0.047	0.184	0.150	0.144	-0.034	0.137	-0.138
2019	0.370	0.131	0.181	-0.016	0.154	0.069	0.152	0.109
2020	0.408	0.103	0.201	0.110	0.164	0.065	0.166	0.092
2021	0.447	0.096	0.223	0.109	0.174	0.061	0.179	0.078
均值	0.345	0.046	0.169	0.042	0.159	0.021	0.160	0.029
排名	1	1	2	2	4	4	3	3

从整体上看，西江经济带中各地级市制造业高质量发展水平呈现波动上升态势，其中柳州市制造业高质量发展水平遥遥领先，桂林市紧随其后，贵港、玉林、贺州、来宾四个城市均呈现先降后升的走势，其中玉林的波动较为显著（见图 5-3）。正所谓"贸易看广州，工业看柳州"，柳州作为全国闻名的工业重点城市，培育了柳州柳工、五菱汽车等智能制造标杆企业。柳州市制造业高质量发展指数较高的原因主要是其历史积累以及地理环境优越。柳州市的工业能力在区内一直较为突出，且其位于西部陆海新通道重要节点及物流枢纽，毗邻成渝地区双城经济圈、粤港澳大湾区，受二者的辐射作用较为明显。桂林市的制造业也逐步向高端化迈进，全市研发创新投入逐年递增，2021 年研发费用投入同比增长 30.3%。此外，桂林清洁能源布局成效初显，全市规模以上工业节能降耗工作逐渐加强，制造业企业的三废处理能力提升，废弃物综合利用效率得到提高。而来宾市 2011 年制造业高质量发展指数较高的原因主要是河南、凤凰、迁江三大工业园取得飞跃性发展，同时外商引资实现新突破，投资总额高达 166.14 亿元。

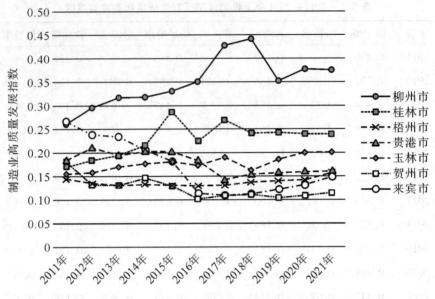

图 5-3　2011—2021 年西江经济带制造业高质量发展指数

　　2016 年广西区政府针对左右江革命老区工业和信息化发展制定了"十三五"振兴规划，明确提出左右江革命老区需遵循"创新、协调、绿色、开放、共享"的新发展理念，建立新型工业体系。

　　通过图 5-4 可以观察到 2016—2021 年左右江革命老区制造业总体发展呈向上趋势，其中绿色发展方面提升较为显著，而创新驱动方面则有所下降。在创新驱动方面，由于左右江革命老区是集老少边山穷于一体的欠发达地区，交通基础设施薄弱，且制造业规模较小，对于当地重点产业的政策扶持及资金投入较少，创新培育能力较差。在绿色发展方面，左右江革命老区的工业三废排放比重较低，固体废弃物综合利用率、污水集中处理及生活垃圾无害化处理率指标水平较高，原因在于左右江革命老区政府重视山青水绿的生态屏障建设与保护，从而不断加强污染物协同处理。

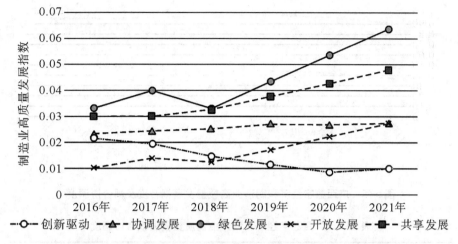

图 5-4 2016—2021 年左右江革命老区制造业高质量发展指数

第五节 耦合协调发展的时空特征

本节基于耦合协调模型计算了广西 14 个地级市 2011—2021 年数字经济和制造业高质量发展的耦合协调度。各地级市平均耦合度和耦合协调度时空演变趋势如图 5-5 所示,二者均呈平稳上升态势,相较于耦合协调度,耦合度的提升程度更为显著。广西在 2011—2021 年的耦合度区间为 [0.908, 0.983],耦合协调度由 0.375 上升至 0.519。由此可以看出,近年来广西数字经济与制造业高质量发展逐年趋于协调。

从区域划分观察各地市两系统的耦合协调度,南宁市、柳州市以及桂林市 2011—2021 年的耦合协调度均值超过 0.5,其中南宁市处于初级协调水平,排名第一,而柳州和桂林则处于勉强协调水平(见表 5-8)。来宾市与贺州市处于区内最后两名,耦合协调度均值低于 0.4,处于轻微失调水平。区内其余地级市的数字经济和制造业高质量发展耦合协调度均值的区间为 [0.401, 0.453],处于濒临失调水平。

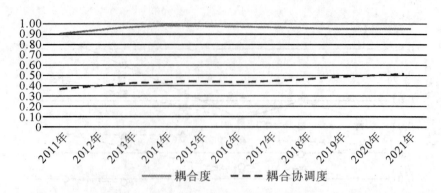

图 5-5　广西数字经济和制造业高质量发展耦合度及耦合协调度

表 5-8　广西数字经济和制造业高质量发展耦合协调度

城市	2011 年	2012 年	2013 年	2014 年	2015 年	2016 年	2017 年	2018 年	2019 年	2020 年	2021 年	均值
南宁	0.579	0.585	0.684	0.654	0.641	0.597	0.609	0.617	0.695	0.703	0.723	0.644
北海	0.333	0.368	0.402	0.396	0.393	0.432	0.410	0.470	0.470	0.463	0.514	0.423
防城港	0.312	0.307	0.391	0.358	0.394	0.351	0.432	0.452	0.466	0.473	0.474	0.401
钦州	0.374	0.273	0.364	0.367	0.448	0.416	0.441	0.435	0.418	0.459	0.502	0.409
柳州	0.462	0.511	0.503	0.528	0.546	0.555	0.571	0.604	0.590	0.633	0.634	0.558
桂林	0.462	0.488	0.525	0.528	0.593	0.560	0.572	0.589	0.606	0.597	0.621	0.558
梧州	0.371	0.315	0.364	0.401	0.412	0.367	0.426	0.444	0.437	0.463	0.470	0.406
贵港	0.313	0.386	0.359	0.421	0.418	0.429	0.417	0.427	0.468	0.471	0.474	0.417
玉林	0.348	0.400	0.432	0.413	0.451	0.412	0.471	0.416	0.501	0.497	0.499	0.440
贺州	0.273	0.329	0.359	0.359	0.359	0.373	0.409	0.382	0.395	0.410	0.400	0.365
来宾	0.339	0.339	0.386	0.398	0.393	0.401	0.379	0.357	0.409	0.424	0.456	0.389
百色	0.367	0.440	0.405	0.443	0.397	0.392	0.423	0.430	0.431	0.457	0.485	0.425
河池	0.391	0.452	0.514	0.471	0.404	0.420	0.397	0.446	0.462	0.492	0.531	0.453
崇左	0.322	0.379	0.324	0.384	0.419	0.398	0.410	0.420	0.455	0.467	0.481	0.405

　　表 5-9 通过选取比较具有代表性的年度，展示广西 14 个地级市 2 个系统的耦合协调度的时序演化特征。首先，各地级市数字经济和制造业高质量发展的耦合协调度呈现上升趋势。2011 年，广西发展最好的南宁市仅处于勉强协调，桂林市和柳州市下降一级，处于濒临失调，钦州、北海等 10 个城市处于轻度失调，而贺州市稍显落后，发展水平呈中度失调。其次，北部湾经济区及西江经济带城市耦合协调发展势头强劲。2016 年，北部湾经济带中的钦州、北海从轻度失调上升至濒临失调水平，西江经济带中桂

林、柳州上升至与南宁同一阶段，左右江革命老区耦合协调等级较稳定。最后，南宁充分发挥省会城市区位优势和中心城市的辐射作用。在政策扶持及资源倾斜优势下，南宁市数字技术创新及应用场景扩大，进一步推动制造业向高质量发展。2021 年，南宁市发展迈升至中级协调阶段，柳州和桂林依旧位居南宁市之后。

表 5-9　广西数字经济和制造业高质量发展耦合协调度时序演化特征

划分等级	2011 年	2016 年	2021 年
中级协调	—	—	南宁
初级协调	—	—	柳州、桂林
勉强协调	南宁	南宁、桂林、柳州	河池、北海、钦州
濒临失调	桂林、柳州	北海、贵港、河池、钦州、玉林、来宾	玉林、百色、崇左、防城港、贵港、梧州、来宾
轻度失调	钦州、北海、防城港、梧州、玉林、贵港、来宾、百色、河池、崇左	崇左、百色、贺州、梧州、防城港	贺州
中度失调	贺州	—	—

根据上文分析可知，广西北部湾经济区以及柳州、桂林等已经步入协调阶段，而大部分地级市仍然处于濒临失调阶段。基于熵权法和耦合协调模型，本节计算了 14 个地级市数字经济和制造业高质量发展的平均发展指数，并结合耦合协调划分等级，分析了广西 14 个地级市的协调发展短板（见图 5-6）。首先，南宁市位居中度协调阶段，其数字经济水平和制造业高质量发展水平在区内具有"双高"的表现。其次，处于第二梯队的桂林和柳州，依托其优势产业，与区内其他城市拉开差距。桂林市电子信息技术产业较为发达，数字经济发展水平较优；柳州则背靠强劲的工业积累优势，在制造业高质量发展方面表现优越。而北海、钦州、防城港位于南部沿海地区，拥有较为发达的数字港口，数字基础设施较为完善，科技创新投入强度较大，数字经济发展速度较快，其对制造业高质量发展的赋能潜力较大。最后，贺州、崇左以及来宾处于广西边缘，优惠政策覆盖较为欠缺，且由于该地区工业体量较小、数字核心产业较少，因此数字经济和制造业高质量发展水平均处于较低水平。

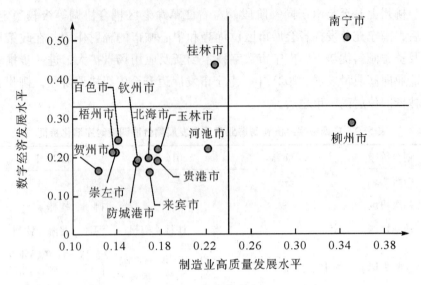

图 5-6　耦合类型分区

第六节　本章小结

本章通过分析 2011—2021 年广西 14 个地级市的数据，构建了一个综合指标体系，用以评估广西数字经济与制造业高质量发展状况。该体系借鉴相关学者的研究，并采用熵权法确定各指标的权重。通过耦合度模型和耦合协调度模型，本章分析了广西数字经济与制造业高质量发展之间的相互影响及协调发展关系。

（一）结论

（1）发展趋势分析

广西数字经济和制造业高质量发展水平整体呈现上升趋势。具体来看，数字经济发展速度近年来较快，而制造业高质量发展的增速相对放缓。数字创新能力和绿色发展分别成为推动数字经济和制造业高质量发展的关键因素。两者的发展呈现出以南宁、柳州、桂林为中心，向外围地区逐渐减弱的格局。

（2）耦合协调度分析

广西数字经济与制造业高质量发展的耦合协调度整体上升，但总体水平仍较低，两者之间的协调发展仍处于初级阶段。2016—2021 年，广西数字经济与制造业高质量发展的耦合协调度提升较为显著，表明其数字经济对制造业高质量发展的正面影响逐渐增强。在地区层面上，广西大多数城市的数字经济发展水平领先于制造业高质量发展水平，但南宁、柳州和桂林等城市的发展态势较为均衡。

（3）区域差异分析

广西数字经济和制造业高质量发展存在显著的区域差异。从空间分布来看，北部湾经济区、西江经济带和左右江革命老区的耦合协调程度各不相同，其中南宁、柳州、桂林位于前列。

（二）政策建议

（1）基础设施与应用场景

为提升耦合协调度，应加强数字基础设施建设，并拓展数字技术在制造业中的应用场景。建议加大对数据中心、光缆线路和 5G 基站等新型基础设施的投资，并促进大数据、云计算、人工智能等技术在制造业领域的全面融合。

（2）差异化政策与产业转型

鉴于区域发展差异，应实施差异化政策，支持各地区特色产业的转型升级。例如，加强左右江革命老区的科技创新能力，深化西江经济带制造业的数字化应用，同时避免不同地区产业链的重复建设。

（3）协调发展与海洋经济

南宁、桂林、北海、柳州等数字经济示范区应发挥引领作用，推动数字经济向周边地区扩散。沿海城市如北海、防城港和钦州应利用其地理优势，加强数字化港口建设，促进制造业高质量发展。

第六章　数字经济赋能广西制造业高质量发展的实证检验

本章以上文对广西数字经济赋能制造业高质量发展的理论探索和耦合机制分析为基础，建立实证模型研究广西数字经济对制造业高质量发展的影响，以及其中的中介效应。从实证角度分析广西数字经济对制造业高质量发展的影响效应和传导机制，是对理论分析的验证和延伸。定量分析广西数字经济对制造业高质量发展的影响，可以更准确地识别出制约广西制造业高质量发展的主要问题，从而提出更有效的解决策略。

近年来，在新发展理念的指引下，我国正积极推进数字产业化、产业数字化，引导数字经济和实体经济深度融合，推动经济高质量发展。习近平总书记在致 2023 中国国际智能产业博览会的贺信中指出，中国高度重视数字经济发展，持续促进数字技术和实体经济深度融合。制造业是实体经济的基础，实体经济是我国发展的本钱，是构筑未来发展战略优势的重要支撑。推动数字经济与先进制造业深度融合，对于更好助力经济总体回升向好、全面建设社会主义现代化国家具有重要意义。

广西深入贯彻落实新发展理念，始终坚持把数字经济作为推动高质量发展的关键增量。截至 2022 年末，广西有数字经济企业约 1.51 万家，同比增长约 4%，数字经济规模超过 9 300 亿元，同比增速超 10%，全区规上工业总产值超过 2.6 万亿元，为新发展格局下赋能高质量发展奠定了有利基础。但与此同时，经济发展水平较低、工业基础相对薄弱以及创新能力不足等诸多问题也在制约广西制造业高质量发展。数字经济是改造提升传统产业的有力支点，是广西制造业实现换道超车的宝贵机遇。以数字经济助推制造业高质量发展对广西今后继续巩固与扩大数字经济的发力点，扎实推动实现全面高质量发展具有重要意义。

至今为止已有较多学者以数字经济和制造业高质量发展为对象展开研

究，所得成果颇丰，但是仍然存在以下不足：首先，在研究内容上，数字经济对制造业高质量发展具有影响现已成为大多数学者的共识，但是深入分析二者之间作用机制的成果相对较少（杨昕 等，2023）；其次，在研究对象上，现有的文献主要聚焦于东中部地区，对西部地区关注不够（王瑞荣 等，2022）；最后，在研究方法上，从数字经济角度研究制造业高质量发展问题的文献中，多以理论分析和逻辑归纳为主，量化分析较少（余可发 等，2023）。鉴于此，本书的边际贡献主要体现在以下三个方面：一是聚焦数字经济和制造业高质量发展，探讨数字经济助推制造业高质量发展的作用机制；二是以广西这一西部省份作为研究对象，正视区域发展差异性，关注西部地区的特殊性；三是以广西制造业和数字经济为样本，采用熵值法估算广西制造业高质量发展水平和数字经济发展水平，在此基础上实证检验数字经济对制造业高质量发展的影响效应。

第一节 机制分析与研究假设

数字是数字经济时代产生的新型生产要素，该要素在供产销各个环节都具有较高的边际效应，但是其所具备的虚拟性特征也代表其边际优势除直接转换，即直接赋能制造业高质量发展外，更多地还要通过某些介质与载体实现间接赋能。其中，科技的投入为驱动数字产业发展提供了物质条件，由数字投入带来的产业升级是数字经济驱动制造业高质量发展的重要环节。

一、数字经济对广西制造业高质量发展的直接影响

数字经济是全球数字化浪潮中崛起的一种新经济模式，该模式伴随着新一轮科技革命和产业变革而来，是继农业经济、工业经济之后的主要经济形态之一，是高质量发展之路的助推引擎（杨文博，2022）。与传统制造业的生产模式不同，数字经济所具有的"四高一强"，即成长性、技术性、扩散性、协同性四项皆高与渗透性强五个特征，使得制造业企业所处的生存竞争环境愈发残酷，制造业转向高质量发展迫在眉睫（王俊豪 等，2021；李宁 等，2023）。一方面，数字技术获得迅猛发展与广泛应用，如工业互联网、物联网、大数据、5G/6G 等技术不断取得突破，为传统制造

业带来信息化和智能化的转型升级机遇（刘名武 等，2023）。在工业机器人和人工智能被广泛应用的同时，传统人工逐渐被淘汰，传统制造业在信息化转型的道路上不断提速。与此同时，大型仿真软件的成本伴随着数字技术的发展不断下降，在仿真技术的帮助下，企业能够提前模拟产品设计和生产过程中可能要面临的重点和难点，节约研发成本。另一方面，数字经济本身具有高扩散性和强渗透性的特征，为数字经济与制造业融合发展创造了条件。二者融合发展使得共享使用通用技术的企业数量不断增加，技术赋能为新技术在实体经济中的渗透提供了有效渠道，强大的赋能效应由此产生（宋洋，2020）。该效应有助于提高制造业企业的生产线效率，优化产业结构，保证产品质量，进而推动制造业在高质量轨道上稳步发展（鲁少勤，2020）。基于上述分析，我们提出如下假设：

H_1：数字经济可以显著促进广西制造业高质量发展。

二、数字经济对广西制造业高质量发展的间接影响

在数字经济不断发展的大背景下，市场环境对价值创造和获取的方式提出了更高的要求，传统的价值创造和获取方式在当前的市场环境中已经难以为继，价值获取困难和创造能力下降成为制造业企业不得不面对的两大难题（李史恒 等，2022）。因此，如何利用数字经济力量赋能生产要素，已成为突破制造业目前发展瓶颈的当务之急。尽管现有文献针对数字经济对高质量发展的影响有所关注，但在分析上较少深入研究数字经济赋能广西制造业高质量发展的中介作用机制。根据上述分析，我们将从以下两个角度探讨数字经济赋能广西制造业实现高质量发展的中介作用机制。

（一）科技投入赋能效应

高水平的科技创新能够为数字经济提供驱动力和创新源泉，而数字科技投入则能够为科技创新提供必要的资源支持（张彬斌 等，2017；张红伟等，2022）。通过加大科技投入，数字经济将获得更多的创新动力和发展机遇，从而推动高质量发展（王军 等，2023）。数字经济分为数字产业化和产业数字化两个维度（金飞，2023）。数字产业化指的是将传统产业通过应用数字技术和数字化手段进行转型升级的过程，对信息通信企业开展的 IT 芯片研发等科技创新活动较为依赖，而此类创新活动涉及技术研发和创新、基础设施建设、人才培养和引进、市场推广和品牌建设以及数字安全和数据隐私保护等方面的需求。因此，资金投入是数字产业化成功的重

要保障（林宏伟 等，2019）。产业数字化着重于对企业内部运营、管理和生产过程的数字化改造，降低信息不对称性，以提高企业效率、灵活性和可持续发展能力为目标。简言之，产业数字化关注的是微观企业的数字化转型。而企业数字化转型主要是基于各种数字科技技术全方面、多角度地改造。与数字产业化相同，产业数字化同样需要投入大量资金，用于技术投入和设备更新、数据的采集和处理，以及人才培训和转型等方面。可见，无论是数字产业化还是产业数字化，两者都需要大量的资金作为支撑以促进制造业高质量发展（梁小甜 等，2022）。因此，科技创新投入对于制造业高质量发展至关重要，我们提出如下假设：

H_2：数字经济通过科技投入赋能广西制造业高质量发展。

（二）产业结构升级赋能效应

与传统经济形态不同，促进产业融合、推动产业链升级成为数字经济助力制造业高质量发展的两种方式（王晓清，2023）。以产业融合角度为出发点，在数字产业化和产业数字化不断推进的背景下，制造业的各个环节广泛应用数字技术和数据信息，电子商务、互联网金融、人工智能等数字产业业态由此衍生（李史恒 等，2022）。新业态不仅有利于拓宽业务范围，还能够形成激发制造业活力的新动能，使技术密集型和知识密集型制造业得到进一步发展。同时，新业态将会重塑传统产业的组织模式、生产流程和商业模式，引导传统产业朝着全方位数字化的方向改造（王德辉等，2020），智能制造、个性定制、平台协作等新模式由此诞生，为制造业高质量发展提供推动力。以产业链升级角度为出发点，大量信息的传递和市场供需的变化伴随着数字经济时代的到来接踵而至，各方利益主体不得不迅速进行技术变革与应用。在创新氛围浓厚的环境中，制造业产业链随着各个环节和领域的市场创新得到优化升级。由于数字经济具备强大的扩散性和深入渗透性的特征，各种新技术被广泛应用于制造业的整个生产链环节，并且数字平台还能够对整个生产过程中的材料进行准确量化，有利于产业结构的合理化（肖远飞 等，2021；陈德球 等，2022）。此外，受数字经济快速发展的影响，各类要素自由流动的速度加快，进而改善和优化了要素配置效率和配置结构，推动了制造业高质量发展。基于此，我们提出如下假设：

H_3：数字经济通过产业结构升级赋能广西制造业高质量发展。

第二节　数据来源与变量选择

根据上述研究假说，我们利用官方渠道收集整理广西地区的相关数据，并通过数据分析工具 Stata17.0 对有关数据展开分析，以事实数据验证数字经济如何赋能广西制造业高质量发展。

一、数据来源与说明

本书的研究范围为广西壮族自治区下辖的所有地级市，即北海市、南宁市、崇左市、来宾市、柳州市、桂林市、梧州市、河池市、玉林市、百色市、贵港市、贺州市、钦州市、防城港市，共 14 个。研究区间为 2011—2021 年，共 11 年的年度数据。样本数据与数字经济赋能广西制造业高质量发展综合指数的测度范围保持一致。本章指标体系中的原始数据主要源于历年发布的《广西统计年鉴》，缺失部分数据采用各地级市统计年鉴、统计公报、统计局网站、CNRDS 及 Wind 数据库补齐，分析工具为 Stata17.0。

二、变量选择

（1）被解释变量

我们选取制造业高质量发展指数（HMI）作为实证研究部分的被解释变量。现有文献对于制造业高质量发展的指标选取并不存在统一标准，本书借鉴刘佳（2021）的研究，从创新、协调、绿色、开放、共享五个维度选取相关指标，采用熵值法进行测算，以第四章中计算所得到的广西壮族自治区 14 个地级市制造业高质量发展综合指数为数值。

（2）解释变量

我们选取数字经济发展指数（EDI）作为实证研究部分的解释变量。现有文献较少涉及数字经济具体测度，本书借鉴刘军（2020）、黄群慧（2019）以及郭峰（2020）等人的研究，选择上一章所列的互联网普及率等指标进行处理，以计算所得到的广西壮族自治区 14 个地级市制造业数字经济综合发展指数为数值。

（3）中介变量

现有研究认为，数字经济通过科技投入、产业结构调整影响制造业高质量发展（陈明慧 等，2022；迟明园 等，2022）。因此，本书借鉴张洪瑞和吴平（2023）的研究方法，选取科学技术投入占 GDP 的比重与产业结构升级（第三产业产值占比）作为实证研究的中介变量。

（4）控制变量

鉴于影响制造业高质量发展的因素繁多，为了准确了解核心解释变量对被解释变量的实际影响，有必要控制其他影响因素，并引入适当的控制变量，基于已有研究（金殿臣 等，2022；姜南 等，2023；李媛 等，2023），我们选择以下五项指标作为控制变量（见表 6-1）：

①城镇化率（Urban）

郑媛媛（2021）认为，城镇化率的提高对制造业高质量发展具有双重影响。一方面，随着城镇化率的提高，人口向城市集聚，为制造业提供了更充足的劳动力资源，这有助于解决劳动力短缺问题，并提供更多的技术技能和专业知识。另一方面，城镇化率的提高也推动消费市场扩大，带动制造业的需求增长。城市化还促进基础设施建设和物流发展，为制造业创造更优越的生产环境和供应链条件。

②金融发展水平（Financial）

贺子欣和惠宁（2023）研究发现，金融发展水平的提高可以为制造业提供多样化的融资渠道和风险管理工具，促进企业的创新能力提升和规模扩张。制造业在发展过程中需要大量资金投入，包括设备采购、研发投资和市场推广等方面。金融发展水平的提升使得制造业能够更便利地获得融资支持，推动企业创新技术、拓展市场和提升国际竞争力。此外，金融发展还提供风险管理和金融工具，帮助制造业降低经营风险，提升管理效能。

③人力资本（Human）

人力资本的提升意味着更高的教育水平和技能素质，提升制造业生产效率和质量水平（袁平红 等，2023），可以推动企业创新技术和增强国际竞争力。高素质员工在制造过程中能够更好地应用先进的技术和工艺，提高生产线效率和产品品质。此外，人力资本的提升还能够促进组织知识的积累和传承，为企业持续发展提供稳定的人才支持。人才持续培养和更新也能够激发创新活力和提升企业市场竞争力。

④市场化指数（Market）

市场化指数的高低会影响制造业的市场竞争环境和资源配置效率（徐琳璐 等，2023）。市场化程度高的地区通常具有更加自由和开放的市场环境，能够为制造业提供更广阔的市场和更多的商业机会，促进创新和发展，有利于制造业的企业进出、产品竞争和价格形成。市场化指数高的地区还更容易实现资源的有效配置和流动，提供更好的商业环境和投资机会，有助于制造业的发展和成长。

⑤人均 GDP 的自然对数（Ppgd）

人均 GDP 的自然对数可以综合反映一个国家或地区的经济发展水平。相对较高的人均 GDP 表明较高的生产能力、消费能力和市场需求，能够为制造业提供更广阔的市场和更多的机会（杜鹏程 等，2021）。高人均 GDP 意味着更多的投入和创新，能够推动制造业技术进步、质量升级和产业升级。此外，随着人均 GDP 的增长，制造业的研发投入、人才引进和企业发展也将得到进一步促进，从而为社会提供更多的财富和资源。

表 6-1　相关变量的说明

变量类型	符号	变量含义、计算公式或备注
被解释变量	HMI	制造业高质量发展指数，由熵权法计算得到
解释变量	EDI	数字经济发展指数，由熵权法计算得到
中介变量	Innovation	科学技术投入/GDP
	TIR	产业结构升级，第三产业产值占比
控制变量	Urban	城镇化率，非农业人口/户籍人口
	Financial	金融发展水平，金融机构人民币各项贷款余额/ GDP
	Human	人力资本，普通高等学校在校学生数人/户籍人口
	Market	市场化指数，来自樊纲市场化指数测度
	Ppgd	人均 GDP 的自然对数

三、模型设定

基于上述分析，我们构建了以下模型探讨数字经济对制造业高质量发展的影响：

$$\text{HMI}_{i,t} = \alpha_0 + \beta_1 \text{EDI}_{i,t} + \beta_2 \text{Urban}_{i,t} + \beta_3 \text{Financial}_{i,t} + \beta_4 \text{Human}_{i,t} +$$

$$\beta_5 \text{Market}_{i,t} + \beta_6 \text{Ppgd}_{i,t} + \delta_t + \mu_i + \varepsilon_{i,t} \qquad (6-1)$$

其中，$\text{HMI}_{i,t}$ 表示 i 地区 t 时期的制造业高质量发展指数，$\text{EDI}_{i,t}$ 表示 i 地区 t 时期的数字经济发展指数，α 为待估系数，Urban、Financial、Human、Market、Ppgd 为控制变量，δ 为时间固定效应，μ 为地区固定效应，ε 为随机误差项。

为进一步对数字经济赋能制造业高质量发展的机理和路径进行探究，我们借鉴已有学者（温忠麟 等，2004）的研究构建了以下模型：

中介效应模型 1：

$$\text{HMI}_{i,t} = \alpha_0 + \beta_1 \text{EDI}_{i,t} + \beta_i \text{Controls}_{i,t} + \delta_t + \mu_i + \varepsilon_{i,t} \qquad (6-2)$$

$$\text{Innovation}_{i,t} = \alpha_0 + \beta_1 \text{EDI}_{i,t} + \beta_i \text{Controls}_{i,t} + \delta_t + \mu_i + \varepsilon_{i,t} \qquad (6-3)$$

$$\text{HMI}_{i,t} = \alpha_0 + \beta_1 \text{Innovation}_{i,t} + \beta_2 \text{EDI}_{i,t} + \beta_i \text{Controls}_{i,t} + \delta_t + \mu_i + \varepsilon_{i,t} \qquad (6-4)$$

中介效应模型 2：

$$\text{HMI}_{i,t} = \alpha_0 + \beta_1 \text{EDI}_{i,t} + \beta_i \text{Controls}_{i,t} + \delta_t + \mu_i + \varepsilon_{i,t} \qquad (6-5)$$

$$\text{TIR}_{i,t} = \alpha_0 + \beta_1 \text{EDI}_{i,t} + \beta_i \text{Controls}_{i,t} + \delta_t + \mu_i + \varepsilon_{i,t} \qquad (6-6)$$

$$\text{HMI}_{i,t} = \alpha_0 + \beta_1 \text{TIR}_{i,t} + \beta_2 \text{EDI}_{i,t} + \beta_i \text{Controls}_{i,t} + \delta_t + \mu_i + \varepsilon_{i,t} \qquad (6-7)$$

其中，α_0 指常数项（Constant），β_i 指各个变量的回归系数，Controls 指所有控制变量，δ_t 用于度量时间维度上的时间效应，μ_i 用于度量个体维度上固定效应，$\varepsilon_{i,t}$ 指随个体与时间而变的随机扰动项。模型同时控制个体维度的固定效应和时间维度的固定效应，该模型称为双向固定效应。双向固定效应可以解决不随时间变动，但随个体而变的遗漏变量问题和不随个体变动但随时间而变的遗漏变量问题。中介效应模型 1 主要用于检验科技投入情况对制造业高质量发展的影响，中介效应模型 2 主要用于检验产业结构升级对制造业高质量发展的影响。

第三节　实证结果与分析

一、描述性统计

我们通过 Stata17.0 实现本书的模型估计，相关变量的描述性统计结果如表 6-2 所示。制造业高质量发展指数（HMI）的标准差低于样本均值与中位数，最大值与最小值之间的差异较小，这说明广西制造业整体高质量发展呈正态分布，地区间个体存在差异但并不突出。数字经济发展指数

（EDI）的最大值与最小值之间的差异较大，可见广西不同地区间的数字经济的发展水平是参差不齐的。从控制变量来看，不同地区之间也存在一定差异。

表 6-2　变量的描述统计

变量	观测值	样本均值	标准差	最小值	中位数	最大值
HMI	154	0.214	0.073	0.131	0.189	0.447
EDI	154	0.469	0.188	0.028	0.459	0.923
Urban	154	0.281	0.099	0.141	0.251	0.506
Financial	154	0.903	0.55	0.413	0.753	3.449
Human	154	0.012	0.014	0	0.005	0.067
Market	154	12.068	2.534	6.635	12.011	19.073
Ppgd	154	10.449	0.441	9.455	10.426	11.299
Innovation	154	0.002	0.001	0	0.002	0.004
TIR	154	0.386	0.082	0.223	0.371	0.658

数据来源：笔者使用 Stata17.0 自行整理（下同）。

二、多重共线性检验

多重共线性现象通常表现为自变量之间具有显著的相关性，这可能会导致回归分析过程中参数估计的不精确性和不稳定性。为了确保回归模型的可靠性，需要对多重共线性进行检测。常用的检测方法是计算方差膨胀因子（variance inflation factor，VIF）。VIF 可以衡量某一自变量与其他自变量之间的相关性程度，从而评估多重共线性影响。当 VIF 的最大值大于 10 时，通常认为存在严重的多重共线性问题。在这种情况下，回归模型可能存在较大误差，导致对因变量的解释力降低。然而，若所有自变量的 VIF 均小于 10，则可以认为模型中不存在严重的多重共线性问题，结果可靠性得到保证。我们采用 VIF 方法对自变量之间的多重共线性进行检验，分析结果显示，所有自变量的 VIF 值均低于 10，这表明模型中不存在严重的多重共线性问题（见表 6-3）。因此，该回归模型可靠性较强，可用于进行进一步的因果关系分析和结果解释。

表 6-3 多重共线性检验

变量	VIF	1/VIF
Urban	3.460	0.289
Ppgd	3.410	0.293
Market	1.960	0.510
Financial	1.880	0.532
EDI	1.830	0.546
Human	1.400	0.713
Mean VIF	2.320	

三、基准回归结果分析

对固定效应和随机效应进行豪斯曼检验，检验的 H_0 认为随机效应模型更有效率；反之如果拒绝 H_0，则认为固定效应模型更有效。此处模型的豪斯曼检验结果的卡方统计量为 47.404，其伴随概率 p 值为 0.0000<0.01，拒绝了 H_0 的原假设，所以应当选择固定效应模型。

表 6-4 模型为假设 H_1 的估计结果，控制其他变量不变，数字经济发展指数（EDI）的系数为 0.131 8，在 1% 的水平上显著，表明 EDI 对于 HMI 具有显著的正向影响，即数字化经济对于制造业高质量发展具有显著的促进作用，EDI 每增加一个单位，则 HMI 增加 0.131 8 个单位，假设 H_1 得到验证。

控制变量方面，模型中城镇化率（Urban）的系数为 0.653 8，在 1% 的水平上显著，表明城镇化率对于制造业高质量发展具有显著的正向影响；金融发展水平（Financial）的系数为 0.106 4，在 1% 的水平上显著，表明金融发展水平对于制造业高质量发展具有显著的正向影响；人力资本（Human）的系数为 1.174 6，在 5% 的水平上显著，表明人力资本对于制造业高质量发展具有显著的正向影响；人均 GDP 的自然对数（Ppgd）的系数为 0.111 6，在 5% 的水平上显著，表明人均 GDP 对制造业高质量发展具有正向影响。

表 6-4　基准回归模型结果

变量	(1) HMI
EDI	0.131 8 ***
	(3.130 7)
Urban	0.653 8 ***
	(4.215 6)
Financial	0.106 4 ***
	(3.240 8)
Human	1.174 6 **
	(2.552 3)
Market	0.008 8
	(0.107 7)
Ppgd	0.111 6 **
	(2.142 9)
Constant	−1.253 6 ***
	(4.049 9)
Observations	154
Number of id	14
R−squared	0.352 3
City	YES
Year	YES
P 值	0.000 0

注：Standard errors in parentheses。*** 表示 $p < 0.01$，** 表示 $p < 0.05$。

为确保得到稳健的估计结果，即考虑到数字经济发展指数（EDI）可能存在潜在内生性问题导致上述结果存在偏差，为了缓解内生性问题，我们构造工具变量，采用两阶段最小二乘法（2SLS）估计模型（Ⅳ）。Cragg-Donald Wald 是指弱工具变量检验（Weak identification test），原假设 H_0 是工具变量与内生变量不相关。表 6-5 的估计结果显示，模型检验的统计量为 22 395，p 值小于 1%，即在 1% 的水平显著拒绝了工具变量与内生变量不相关的原假设。Hansen J 是指过度识别检验（overidentification test of all instruments），过度识别的原假设为 H_0：所有工具变量都是外生的，下表模型该检验的统计量为 0.010 9，p 值为 0.916 8，大于 10%，即无法拒绝所有工具变量都是外生的原假设，表明所有工具变量都有效。模型的结果表明，控制其他变量不变，EDI 的系数为 0.132 2，在 1%的水平上显著，系数大小和原模型接近，且显著性水平一致，表明 EDI 对于 HMI 具有显著的正向影响，即数字经济对于制造业高质量发展具有显著的促进作用，结论同前文模型结果一致，表明前文结果并未受到内生性问题的影响，同时也表明前文结果具有稳健性。

表 6-5　两阶段最小二乘模型结果

变量	(1) HMI
EDI	0.132 2***
	(3.131 8)
Urban	0.670 0***
	(4.212 6)
Financial	0.103 6***
	(3.938 6)
Human	1.176 1**
	(2.124 8)
Market	0.010 7
	(0.907 5)
Ppgd	0.108 1***
	(4.141 1)
Observations	151
Number of id	14
R-squared	0.357 3
City	YES
Year	YES
P 值	0.000 0

注：Standard errors in parentheses。*** 表示 $p < 0.01$，** 表示 $p < 0.05$。

四、中介效应检验

在中介效应检验上，比较普遍的方法是 Baron 和 Kenny 提出的因果逐步回归的方法，具体如下：

$$Y = \beta_c X + e_1 \tag{6-8}$$

$$M = \beta_a X + e_2 \tag{6-9}$$

$$Y = \beta_{c'} X + \beta_b M + e_3 \qquad (6-10)$$

其中，Y 表示因变量，X 表示自变量，M 表示中介变量。检验程序为：第一，将自变量对因变量进行回归，回归系数 β_c 必须显著，即主效应存在是中介效应的前提；第二，将自变量对中介变量进行回归，回归系数 β_a 显著，即存在自变量对中介变量的影响；第三，将自变量、中介变量同时对因变量进行回归，中介变量回归系数 β_b 应当显著；第四，自变量回归系数 $\beta_{c'}$ 不显著，或者作用大小相对于 β_c 显著减少。同时满足上述 4 个程序条件即存在中介效应。另外，模型（6-10）中的系数 $\beta_{c'}$ 用于判断中介效应是部分中介（partial mediation，$\beta_{c'}$ 显著）还是完全中介（complete mediation，$\beta_{c'}$ 不显著）。

（一）科技投入的中介效应

科技投入中介模型结果如表 6-6 所示。

模型（6-8）的结果表明，控制其他变量不变，EDI 的系数为 0.131 8，在 1% 的水平上显著，表明数字经济发展指数（EDI）对于制造业高质量发展指数（HMI）具有显著的正向影响作用，表明验证了中介效应里的第一个程序，即 β_c 是显著的。

模型（6-9）的结果表明，控制其他变量不变，EDI 的系数为 0.001 2，在 1% 的水平上显著，表明数字经济发展指数（EDI）对于科技投入占比（Innovation）具有显著的正向影响作用，满足了中介效应里面的第二个程序，即 β_a 是显著的。

模型（6-10）的结果表明，控制其他变量不变，科技投入占比（Innovation）的系数为 21.245 4，在 1% 的水平上显著，表明科技投入有利于推动制造业高质量发展，验证了中介效应里的第三个条件，即 β_b 是显著的。中介效应里的第四个验证程序是 $\beta_{c'}$ 不显著（完全中介），$\beta_{c'}$ 显著，但系数绝对值小于直接效应部分的系数 β_c（部分中介）。结果显示，数字经济发展指数（EDI）的系数为 0.105 3，在 1% 的水平上显著，系数 0.105 3 小于模型（6-8）中的系数 0.131 8，因此表明存在部分中介，即数字经济发展一部分通过正向影响科技创新投入从而对制造业高质量发展造成影响，另外一部分则直接对制造业高质量发展产生正向影响，具体的中介效应占比为 20.1%，假设 H_2 成立。

表6-6 科技投入中介模型结果

变量	（1） 模型（6-8） （HMI）	（2） 模型（6-9） （Innovation）	（3） 模型（6-10） （HMI）
Innovation			21.245 4***
			(5.052 7)
EDI	0.131 8***	0.001 2***	0.105 3***
	(4.130 7)	(4.080 4)	(5.130 3)
Urban	0.653 8***	0.006 7**	0.510 7**
	(3.215 6)	(2.202 9)	(2.501 0)
Financial	0.106 4***	0.001 7***	0.070 7*
	(2.940 0)	(3.650 6)	(1.739 6)
Human	1.174 6**	−0.003 4	1.246 1**
	(2.502 1)	(0.807 8)	(2.508 8)
Market	0.008 8	−0.000 1	0.011 7
	(0.907 7)	(0.900 1)	(0.517 4)
Ppgd	0.111 6**	0.001 1*	0.088 4**
	(2.242 9)	(1.810 6)	(2.241 6)
Constant	−1.253 6***	−0.011 6*	−1.007 2**
	(3.249 9)	(1.726 4)	(2.335 4)
Observations	154	154	154
R-squared	0.352 3	0.501 6	0.411 3
Number of id	14	14	14
City	YES	YES	YES
Year	YES	YES	YES
P 值	0.000 0	0.000 0	0.000 0

注：Standard errors in parentheses。*** 表示 $p<0.01$，** 表示 $p<0.05$，* 表示 $p<0.1$。

（二）产业结构升级的中介效应

产业结构升级中介模型结果如表6-7所示。

表 6-7 产业结构升级中介模型结果

变量	(1) 模型 (6-8) (HMI)	(2) 模型 (6-9) (TIR)	(3) 模型 (6-10) (HMI)
TIR			0.669 0 ***
			(5.168 7)
EDI	0.131 8 ***	0.048 3 ***	0.099 4 ***
	(5.130 7)	(5.215 6)	(4.230 8)
Urban	0.653 8 ***	0.576 1 ***	0.268 4
	(4.285 6)	(4.803 6)	(0.287 3)
Financial	0.106 4 ***	0.034 5 *	0.083 3 **
	(3.841 0)	(1.820 6)	(2.036 2)
Human	1.174 6 **	0.699 6 **	0.706 6
	(2.352 6)	(2.378 9)	(0.839 1)
Market	0.008 8	0.008 3 **	0.003 3
	(0.787 7)	(2.083 9)	(0.809 4)
Ppgd	0.111 6 **	−0.087 1 ***	0.169 9 ***
	(2.342 1)	(5.028 6)	(4.343 8)
Constant	−1.253 6 ***	0.947 8 ***	−1.887 7 ***
	(5.426 9)	(4.026 8)	(3.659 4)
Observations	154	154	154
R-squared	0.352 3	0.392 9	0.425 7
Number of id	14	14	14
City	YES	YES	YES
Year	YES	YES	YES
P 值	0.000 0	0.000 0	0.000 0

注: Standard errors in parentheses。*** 表示 $p < 0.01$, ** 表示 $p < 0.05$, * 表示 $p < 0.1$。

模型 (6-8) 的结果表明,控制其他变量不变,EDI 的系数为 0.131 8,在 1% 的水平上显著,表明数字经济发展对于制造业高质量发展具有显著的正向影响作用,验证了中介效应里的第一个程序,即 β_c 是显著的。

模型 (6-9) 的结果表明,控制其他变量不变,EDI 的系数为 0.048 3,在 1% 的水平上显著,表明数字经济发展对于产业结构升级具有显著的正向影响作用,满足中介效应里面的第二个程序,即 β_a 是显著的。

模型（6-10）的结果表明，控制其他变量不变，TIR 的系数为 0.669 0，在 1% 的水平上显著，表明产业结构升级对于制造业高质量发展具有显著的正向影响作用，验证了中介效应里的第三个条件，即 β_b 是显著的。中介效应里的第四个验证程序是 $\beta_{c'}$ 不显著（完全中介），$\beta_{c'}$ 显著，但系数绝对值小于直接效应部分的系数 β_c（部分中介）。结果显示，EDI 为 0.099 4，在 1% 的水平上显著，系数 0.099 4 小于模型（6-8）中的系数 0.131 8，因此表明存在部分中介，即数字经济发展一部分通过正向影响产业结构升级从而对制造业高质量发展造成影响，另外一部分则直接对制造业高质量发展产生正向影响，具体的中介效应占比为 24.5%，假设 H_3 成立。

五、稳健性检验

（一）主效应模型的稳健性检验

本书采用了两种稳健性检验方法。方法一是替换变量法，即将数字经济发展指数采用主成分分析方法重新估计，得到 EDI_2 重新估计模型，将此结果与原始结果进行对比，以观察两种情况下核心解释变量的系数方向、显著性是否发生重大变化，如果未发生重大变化，则说明模型是稳健的。模型的结果表明，控制其他变量不变，EDI_2 的系数为 0.001 5，在 1% 的水平上显著，表明 EDI_2 对于 HMI 具有显著的正向影响，数字经济对制造业高质量发展具有显著的促进作用，结论与前文一致，表明结果具有稳健性（见表6-8）。

方法二是采用广义线性模型（GLS）估计的结果，因为所选样本跨期较长，当存在较长面板的时候，GLS 可以提高估计准确度。在保持其他因素不变的情况下，模型的结果表明，EDI 的系数为 0.190 3，在 1% 的水平上显著，表明 EDI 对 HMI 具有显著的正向影响，数字经济对制造业高质量发展具有显著的促进作用，结论与前文一致，表明结果具有稳健性。

表 6-8　稳健性检验结果

变量	(1) HMI（FE）	(2) HMI（GLS）
EDI_2	0.001 5***	
	(4.806 3)	
EDI		0.190 3***
		(4.082 1)
Urban	0.638 9***	0.207 6***
	(4.291 8)	(3.268 7)
Financial	0.122 0***	0.056 2***
	(5.036 4)	(3.092 5)
Human	1.337 6**	0.835 8***
	(2.346 8)	(4.285 1)
Market	0.008 0	0.006 4
	(0.809 6)	(0.802 9)
Ppgd	0.127 0***	-0.053 2***
	(5.018 4)	(0.015 5)
Constant	-1.582 8***	0.605 3***
	(3.481 6)	(0.144 1)
Observations	154	154
R-squared	0.375 5	0.406 9
Number of id	14	14
City	YES	YES
Year	YES	YES
P 值	0.000 0	0.000 0

注：Standard errors in parentheses。*** 表示 $p<0.01$，** 表示 $p<0.05$。

（二）中介效应机制的检验

借鉴 Baron 和 Kenny（1986）推荐的用于检验中介效应的 Sobel 法，该方法用于检验一个自变量对因变量的影响是否通过中介变量进行传递。研究发现，Sobel 法的检验力高于依次检验回归系数法（MacKinnon et al., 2002；温忠麟 等，2004）。

表 6-9 为第一组中介效应科技创新投入占比（Innovation）的 Sobel 中介效应检验。结果显示，Sobel 检验的 z 统计量为 2.217, p 值为 0.026 639 54 < 0.05，说明中介效应是显著的，即中介效应占比为 20.1%，与前文一致。

表 6-9　科技投入中介效应检验结果

Tests	Coef	Std Err	z	p>|z|
Sobel	0. 026 483 28	0. 011 946 84	2. 217	0. 026 639 54
Goodman-1（Aroian）	0. 026 483 28	0. 012 234 83	2. 165	0. 030 419 81
Goodman-2	0. 026 483 28	0. 011 651 74	2. 273	0. 023 032 02

表 6-10 为第二组中介效应产业结构升级（TIR）的 Sobel 中介效应检验。结果显示，Sobel 检验的 z 统计量为 2.456，p 值为 0.014 03< 0.05，说明中介效应是显著的，中介效应占比为 24.5%，与前文一致。

表 6-10　产业结构升级中介效应检验结果

Tests	Coef	Std Err	z	p>|z|
Sobel	0. 032 34	0. 013 16	2. 456	0. 014 03
Goodman-1（Aroian）	0. 032 34	0. 013 42	2. 41	0. 015 96
Goodman-2	0. 032 34	0. 012 90	2. 506	0. 012 21

综上所述，数字经济的快速发展对制造业高质量发展具有直接的积极影响。首先，数字化技术的应用使得制造业能够实现生产过程的数字化、自动化和智能化，提高了生产效率和产品质量，并减少了人为错误和资源浪费。其次，通过数字经济的推动，制造业可以更好地与供应链各环节进行信息共享和协同配合，提高了供应链的透明度与效率。再次，数字经济也为制造业创造了新的商业模式和增值服务，例如基于数据的解决方案和产品定制服务，进一步提升了制造业的附加值和竞争力。最后，数字经济的快速发展也促进了科技创新投入和产业结构升级，推动了制造业向高技术、高附加值领域的转型与升级，从而提升了整体产业水平和国际竞争力。因此，数字经济的发展为制造业提供了广阔的发展机遇，推动了制造业向着更高质量、更可持续的方向发展。

六、异质性检验

为了进行异质性检验，我们将样本分为北部湾经济区（南宁市、北海市、防城港市、钦州市）；西江经济带（柳州市、桂林市、梧州市、贵港市、玉林市、贺州市、来宾市）；左右江革命老区（百色市、河池市、崇左市）。

如表 6-11 所示，结果表明，在控制其他变量不变的情况下，北部湾经济区的 EDI 系数为-0.048 7，表明在北部湾经济区，EDI 对 HMI 的影响作用不具有统计学意义；西江经济带 EDI 系数为 0.070 8，在 10%的水平上显著为正，表明在西江经济带，EDI 对 HMI 具有正向影响，即数字经济对西江经济带的制造业高质量发展具有一定程度的促进作用；左右江革命老区 EDI 系数为 0.108 9，在 1%的水平上显著为正，表明在左右江革命老区，EDI 对 HMI 具有显著的正向影响，即数字经济对于左右江革命老区的制造业高质量发展具有显著的促进作用。

表 6-11　异质性检验结果

变量	(1) HMI 北部湾经济区	(2) HMI 西江经济带	(3) HMI 左右江革命老区
EDI	-0.048 7	0.070 8*	0.108 9***
	(0.928 1)	(1.832 9)	(3.083 7)
Urban	0.784 1	0.977 7***	0.178 3
	(0.461 1)	(4.069 1)	(0.591 7)
Financial	0.046 3	-0.039 2	-1.049 7***
	(0.731 8)	(0.649 7)	(4.169 1)
Human	0.729 2	3.363 9***	6.137 2
	(0.498 7)	(4.607 4)	(0.987 6)
Market	0.011 1*	0.021 6***	0.045 3***
	(1.895 8)	(3.808 5)	(4.089 5)
Ppgd	0.082 8*	0.110 1***	-0.719 1***
	(1.937 6)	(3.828 5)	(3.182 9)
Constant	-1.028 3**	-1.317 2***	7.384 5***
	(2.395 8)	(4.217 9)	(4.404 7)
Observations	44	77	33
Number of groups	4	7	3
City	YES	YES	YES
Year	YES	YES	YES
P 值	0.000 0	0.000 0	0.000 0

注：Standard errors in parentheses。*** 表示 $p < 0.01$，** 表示 $p < 0.05$，* 表示 $p < 0.1$。

第四节　本章小结

本章在前文的理论分析基础上，采用面板固定效应模型和中介效应模型，从效果和机制两个视角对数字经济对广西制造业高质量发展的影响进行了实证考察。同时，根据经济带进行了异质性检验，得出以下研究结论与启示：

（一）结论

首先，数字经济与制造业高质量发展水平呈现出明显的正相关关系，即数字经济有助于提高广西制造业的高质量发展水平。然而，由于广西数字经济崛起时间较短，与制造业之间尚未完成深度融合。2018 年，广西壮族自治区人民政府印发《广西数字经济发展规划（2018—2025 年）》，标志着广西已经开始数字经济发展的征程。广西数字经济发展的时间仍然相对较短，且制造业的发展水平不高，数字技术在制造业企业中也尚未得到全面应用，因此数字经济推动广西制造业高质量发展的潜力尚未充分发挥出来。

其次，创新能力提升和产业结构调整优化是数字经济促进广西制造业高质量发展的两个重要渠道，即数字经济通过提高创新能力和优化产业结构可以显著推动广西制造业的高质量发展。科技投入和产业结构升级对制造业高质量发展具有正向赋能效应，可以提供一定的资源保证和发展条件。广西在科技投入方面的资金整体呈现逐年递增的趋势，对制造业高质量发展的赋能作用也愈发明显，而产业的数字化转型也持续加速，数字经济在助力传统产业提质增效方面贡献突出。

最后，作用机制的异质性检验表明，数字经济对广西制造业高质量发展的影响具有区域异质性。数字经济的赋能效应在西江经济带和左右江革命老区较为显著，赋能效应在北部湾经济区尚未显现。这可能是由于西江经济带和左右江革命老区数字化程度相对较低，数字经济对制造业高质量发展的边际效应强。在推进产业数字化的进程中，政府应根据广西不同地区制造业发展的特点，制定符合各地区发展的特色方案。在经济发展水平较高及制造业基础相对较好的地区，努力使数字经济与制造业高质量发展充分融合，发挥好数字经济的赋能作用。

（二）启示

数字化浪潮仍将持续推进，制造业高质量发展之路未曾停歇。当前数字经济的发展仍处于初级阶段，许多领域还有巨大的数字化潜力等待开发和探索，数字化所具备的潜力可以为制造业注入持续的活力和发展动力，因此，制造业必须紧跟数字经济的浪潮。为了进一步促进制造业的高质量发展，我们需要在以下方面继续努力，以更好地利用数字经济的潜力：

第一，高度重视科技方面的投入，为制造业发展提供良好条件。制造业高质量发展离不开政府和企业的共同努力。广西政府可以采用颁布鼓励制造业数字化发展的政策和加大科技投入的力度等方式，解决区内制造业中小企业数字化转型所面临的资金困难问题，为其提供有利的转型环境。中小企业也应转换发展思维，不过度着眼于短期发展利益，而更应关注数字化转型带来的可持续发展机会，通过加大研发投入、鼓励员工积极参与科技创新和技术改进、加强人才引进和培养等方式提高企业的科技创新能力和技术水平，从而推动企业的高质量发展。

第二，以高端制造为发展导向，夯实高质量发展的产业基础。延续广西"十三五"期间"推动新兴制造业高端化、产业化、规模化"的发展模式，同时向"十四五"规划提出的"制造业高质量发展"目标迈进。充分利用"一带一路"沿线地区与东盟重要门户的区位优势，以高水平开放推动区内制造业转型升级进程，推动相关产业迈向高端化，改变产业体系建设相较滞后的现状，形成制造业高质量发展的新格局，以此奠定广西高质量发展的重要基础。

第三，走地区差异化发展道路，充分发挥地方政府的干预作用。在推进产业数字化的进程中，政府应根据广西不同地区制造业发展的特点，制定符合各地区发展的特色方案。在经济发展水平较高及制造业基础相对较好的地区，努力使数字经济与制造业高质量发展充分融合，发挥好数字经济的赋能作用。在推进数字化的进程中，既要不浪费地区现有资源，又要不断强化边际效应。

第七章　数字化转型赋能传统制造业高质量发展的案例研究

习近平总书记在柳工集团视察时强调，制造业高质量发展是我国经济高质量发展的重中之重。2023年3月，广西壮族自治区人民政府主席蓝天立深入柳工集团调研时指出，柳工集团是广西工程机械行业的龙头企业，也是推动自主创新、促进高质量发展的示范标杆。因此，本章选择以广西柳工机械股份有限公司（以下简称"柳工股份"）为案例研究对象，主要从企业数字化转型的动因、具体过程及提升企业高质量发展三方面进行研究，为我国传统制造企业通过数字化转型以促进高质量发展提供理论指导。

党的十九大以来，习近平总书记多次在重要场合指出要加快发展数字经济，推动制造业加速向数字化、网络化、智能化发展，强调制造业高质量发展是我国经济高质量发展的重中之重。在深入推进数字化转型的背景下，2022年我国数字经济规模超过50万亿元，占GDP的比重为41.5%，其中广西数字经济规模超9 300亿元，占全区经济总量的35.5%。但是相关数据和研究却表明，广西仍存在产业规模不够大、龙头企业数量不多、产业链不够健全等问题。因此，在注重高质量发展的现代化经济体系建设的新时代，深入研究广西工程机械行业龙头企业柳工股份数字化转型赋能企业高质量发展的路径和机理具有重要意义。

学术界对制造业高质量发展的影响因素进行了较为丰富的研究，但现有的研究较少关注传统制造业企业数字化转型的具体路径及对其高质量发展的影响，尚未充分打开传统制造业企业数字化转型促进高质量发展的"黑箱"。基于这一现实问题和研究不足的现状，本章多角度探究柳工股份数字化转型的过程及对企业高质量发展的影响机理，试图解决以下两个问题：一是企业数字化转型的具体过程如何，实施了哪些策略；二是数字化转型与企业高质量发展之间存在怎样的影响机理及其影响效果。本章的创新性主要在于：第一，揭示柳工股份数字化转型的动因、过程、实施路径以及实施效果；第二，从经营能力及新发展理念的视角评价柳工股份高质量发展水平；第三，打开传统制造业企业数字化转型促进高质量发展的"黑箱"，为广西制造业企业数字化转型提供可供参考的经验，这对于引领广西制造业走高质量发展之路具有重要意义。

在学术界，许多学者已经从多个角度对本章的研究主题进行了深入探讨，这些研究为我们提供了重要的参考和借鉴。然而，我们发现在以下三个方面仍有深化的需要：

首先，在研究对象上，现有的文献主要集中在对东中部地区的研究，而对西部地区的关注相对较少。这可能会导致我们对全国范围内的情况缺乏全面的理解。因此，未来的研究应更多地关注西部地区。

其次，在研究方法上，现有的研究主要依赖于理论分析和逻辑归纳，这使得研究方法显得相对单一。为了更全面、准确地理解问题，建议未来的研究应尝试采用更多元化的研究方法，如实证研究、案例研究等。

最后，在研究内容上，现有的研究往往缺乏对数字化转型与制造业高质量发展两者关系细节的深入描绘。这可能是由于缺乏足够微观的数据和分析框架。因此，未来的研究应尝试收集更多微观层面的数据，并构建更精细的分析框架，以便更深入地理解数字化转型与制造业高质量发展之间的关系。

鉴于此，本章将从"动因—过程—结果"的逻辑出发（见图7-1），探讨在内外部环境变化的驱动下，传统制造业企业在数字化转型过程中如何借助数字技术以实现高质量发展，为同样处于转型困境的传统制造业企业提供参考。

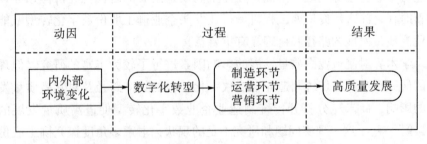

图7-1　柳工股份数字化转型赋能企业高质量发展作用机理的分析框架

第一节　柳工股份案例描述

一、公司简介与案例选择

广西柳工集团有限公司（以下简称"柳工集团"）于 1958 年成立，是大型装备制造业国有企业，核心企业广西柳工机械股份有限公司 1993 年在深交所上市（股票代码：000528），柳工股份是广西第一家上市公司，也是中国工程机械行业首个上市公司。柳工集团坚守"竭诚为全球客户提供卓越工业装备与服务"的使命，以"成为世界级的工业装备与服务产业集团"为愿景，秉承"客户导向，品质成就未来；以人为本，合作创造价值"的核心价值观。

柳工集团旗下核心企业广西柳工机械股份有限公司作为中国制造业 500 强企业、国家级高新技术企业，在全球拥有超过 30 家海外子公司和机构、4 大海外制造基地、5 大全球研发基地、300 多家经销商、1 200 余名海外员工，构建了研发、制造、供应链、营销、后市场完整的全球产业价值链，为 170 多个国家和地区提供产品和服务，能及时响应全球客户的需求，实现本地化服务与支持。

在案例选择上，本章深入研究具有典型性和启发性的单个案例，选择柳工股份这一传统制造业企业作为研究对象的原因如下：第一，柳工股份是广西制造业企业数字化转型的变革先锋，在产业数字化转型趋势下一马当先，致力于激发传统制造业新活力从而实现高质量发展，该案例企业具有较强典型性。第二，柳工股份从 2013 年开始为数字化转型打基础，投入大量资金构建并完善数字基础设施，借助数字化技术推动技术、生产、营销、服务、管理的创新发展，其数字化转型经验丰富、成果显著。第三，柳工股份是上市公司，企业年报数据公开透明，受媒体关注度高，易于获取公司各阶段的数据资料。本章研究分析柳工股份数字化转型的历程，希望能够为广西传统制造业企业或者同行业其他企业提供经验借鉴。

二、组织架构与主营业务

广西柳工机械股份有限公司的控股股东为广西柳工集团有限公司，实际控制人为广西壮族自治区人民政府国有资产监督管理委员会（以下简称"广西国资委"），柳工集团的股权结构如图 7-2 所示。

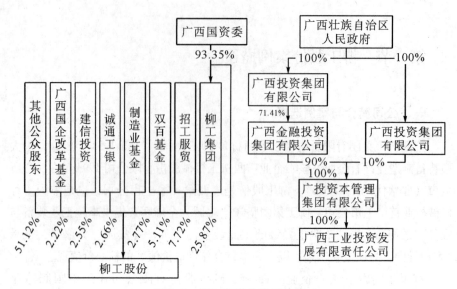

图 7-2　柳工集团的股权结构

当前，工程机械处于成熟的发展阶段，行业集中度高，国内外头部厂商竞争激烈。柳工集团注重搭建数字化组织架构，如打造智能研究院、智能制造总部，着力建设智能制造平台，推动全价值链的智能化升级，打造工程机械智能制造产业集群。柳工集团的组织架构如图 7-3 所示。同时，柳工集团不断地在产品线拓展、新技术研发、核心零部件发展、品牌打造等方面进行探索和创新，形成了独特的企业核心竞争力。

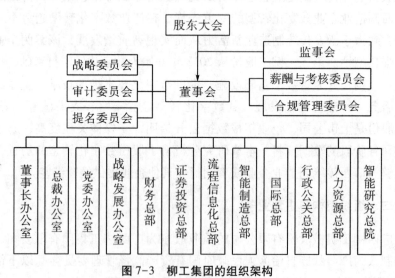

图 7-3　柳工集团的组织架构

当前，柳工股份所处的行业为工程机械整机制造行业，公司2021年和2022年主营业务分行业、分产品、分地区情况如表7-1所示。公司的主要经营模式是研发、制造和销售工程机械、建筑机械、农业机械等产品及零部件，并向客户提供保障服务和增值服务，从而获得业务收入和利润。公司主要从事工程机械及关键零部件的研发、制造、销售和服务工作。公司产品包括土方机械、起重机械、矿山机械、高空作业机械、建筑机械、桩工机械、混凝土机械、工业车辆、农业机械。1993年上市之初，公司主要从事装载机的研发、生产制造、经营、维修、技术服务等，销售市场主要面向国内。2000年以来，公司主营业务逐步扩展为装载机、挖掘机、起重机、压路机、平地机、推土机、铣刨机、摊铺机、滑移装载机、挖掘装载机、工业车辆、矿山机械、高空作业机械、桩工机械、混凝土机械、建筑机械、农业机械和配件的研发、生产制造、销售、服务、租赁。

表7-1　柳工股份主营业务分行业、分产品、分地区情况

项目	2021年		2022年		同比增减/%
	金额/亿元	收入构成/%	金额/亿元	收入构成/%	
分行业					
工程机械行业	261.67	91.18	240.55	90.66	-8.26
预应力业务	20.13	7.01	20.79	7.85	3.27
融资租赁业务	5.21	1.81	3.95	1.49	-24.11
分产品					
土石方机械	171.51	59.77	155.58	58.75	-9.29
其他工程机械及零部件等	90.16	31.41	84.47	31.91	-6.3
预应力机械	20.13	7.01	20.79	7.85	3.27
融资租赁业务	5.21	1.81	3.95	1.49	-24.11
分地区					
中国境内	227.17	79.15	183.61	69.34	-19.18
中国境外	59.84	20.85	81.19	30.66	35.69

三、研究方法与数据收集

本章采纳纵向探索性案例研究方法，主要基于以下几点考虑：首先，本章的核心关注点是探讨传统制造业企业在数字化转型过程中的步骤、策略及数字化转型对企业高质量发展的具体影响。纵向探索性案例研究方法适用于深入分析和理解这一过程，因为它能够有效地解答"为什么"和"如何"发生这种转型的问题，揭示数字化转型背后的因果关系及其对企业发展质量的影响。其次，与多案例研究相比，单案例研究更适用于深入探讨和理解一个特定企业的发展历程。这种方法便于按照时间顺序梳理和总结企业的发展历程，揭示问题的本质和内在机制（Yin，2014）。最后，考虑到数字化转型是一个持续变化和发展的过程，纵向探索性案例研究能够连续且系统地记录和分析企业数字化转型的动因、路径及其对企业高质量发展的具体影响，从而为理解这一复杂过程提供更深入的视角。

为确保案例研究的顺利进行，本章在数据收集方面采取分阶段的方法，涵盖一手数据和二手数据的综合收集。具体而言，数据收集分为以下三个阶段：①初步资料搜集阶段：在这一阶段，我们通过多种渠道搜集与案例企业相关的资料，并进行详细的整理和深入分析。这些资料主要包括：官方发布的文件（如企业年报、企业社会责任报告等）、通过知网等数据库检索得到的相关学术论文和报刊文章、案例企业的数字化转型信息（来源包括企业官方网站、微信公众号等）以及关于案例企业的采访和新闻报道。②资料筛选与信息提取阶段：在此阶段，我们对初步搜集的资料进行筛选，提取出对研究有价值的信息。基于这些信息，我们制定初步的问卷和访谈提纲，并组织一个专门的访谈小组，对案例企业柳工股份进行半结构化的深入访谈。③数据更新与补充阶段：最后一个阶段，我们在更新已有的二手资料的同时，积极补充收集一手数据，以确保所获得的数据不仅全面，而且具有较高的客观性和可靠性。

第二节　柳工股份数字化转型的动因与历程

数字经济背景下，企业面临的内外部环境日趋复杂化，下文将探索柳工股份进行数字化转型的动因，划分其数字化转型发展历程，包括职能信息化阶段、集成信息化阶段、全球供应链集成信息化阶段、全面数字化转型阶段。

一、数字化转型的动因

在如今高速发展的数字时代，数字化转型是企业发展的必经之路。数字化转型存在诸多动因，本章从数字背景与政策引领、需求变化与市场竞争、数字技术与价值创造三个角度探索柳工股份数字化转型的动因。

（一）数字背景与政策引领

随着科技的不断进步和互联网技术的广泛普及，数字经济正呈现出蓬勃发展的趋势。企业数字化转型在激烈的市场竞争中显得尤为重要，不仅可以为企业带来竞争优势，而且已经成为发展的必然趋势（Sebastian et al.，2017）。在中国，企业数字化转型的主要方向是数字技术与传统产业的深度融合。实施这一转型不仅可以促进数字经济与实体经济紧密结合，而且在很大程度上有助于企业实现高质量的发展。

"十四五"规划纲要中明确强调加快数字化发展的重要性，包括建设数字中国、加快数字经济的建设，并以数字化转型为驱动力，推动生产方式、生活方式和治理方式的全面变革。此外，党的二十大报告也提出"加快发展数字经济，促进数字经济和实体经济深度融合"的目标。近年来，国家为促进企业的数字化转型，出台了一系列政策以提供支持和指导，如表7-2所示。在这样的政策背景下，柳工股份积极响应国家的号召，推动企业数字化转型的步伐。

表7-2　国家及行业层面的企业数字化转型相关政策

时间	发文机关	政策文件
2020 年 4 月	发改委、中央网信办	《关于推进"上云用数赋智"行动 培育新经济发展实施方案》
2020 年 6 月	工信部、发改委等	《关于进一步促进服务型制造发展的指导意见》
2021 年 6 月	工信部、科技部等	《关于加快培育发展制造业优质企业的指导意见》
2021 年 7 月	中国工程机械工业协会	《工程机械行业"十四五"发展规划》
2021 年 11 月	工信部	《"十四五"大数据产业发展规划》

（二）需求变化与市场竞争

工程机械行业是中国机械工业的关键支柱之一，近年来该行业面临着需求的显著增长和日益激烈的市场竞争。在需求层面，伴随着社会主义市场经济的进一步发展，房地产和基础设施投资显著促进了工程机械的需求。市场需求的快速变化导致用户更加注重产品品质和服务，同时对智能化、自动化和个性化产品提出新的需求。在供给层面，行业内国内外企业的竞争日趋加剧，国内领先企业通过扩展产品线和发挥规模经济优势显著提升竞争优势，导致市场份额逐渐向这些企业集中，而处于劣势的企业面临市场份额的压缩。随着国际市场的进一步开放，一些国外工程机械产品为了降低成本和提升竞争力进入中国市场，给国内企业带来明显的冲击和竞争压力。为了适应这些需求变化，增强应对风险的能力，并保持及提高市场竞争力，柳工股份积极投身于数字化和智能化的发展路径。

（三）数字技术与价值创造

在数字经济背景下，传统商业模式正经历着深刻转变。特别是在传统制造业领域，企业面临价值创造能力下降的重大挑战，这迫使它们进行转型升级。数字技术包括大数据、人工智能和云计算，这些技术通过提供有效的手段来促进制造业企业高质量发展，并通过改变价值创造方式、提升价值创造效率和拓展价值创造的载体，帮助企业适应新的市场环境（陈剑等，2020；李泊洲 等，2020）。具体来说，数字技术的应用消除了用户和企业间的信息隔阂，使用户能够参与到研发、生产和销售等环节，从而更有效地挖掘和满足用户需求。同时，它还促进"生产—数据—运营管理—生产"这一连续过程的流畅，提高企业在生产和运营管理等方面的效率。此外，通过构建和拓展价值网络，数字技术还促进了企业间的专业化分工，提高了价值创造的整体质量。

二、数字化转型的历程

在数字背景与政策引领、需求变化与市场竞争的背景下，柳工股份的数字化转型历程可以分为图 7-4 所示的职能信息化阶段、集成信息化阶段、全球供应链集成信息化阶段、全面数字化转型阶段。

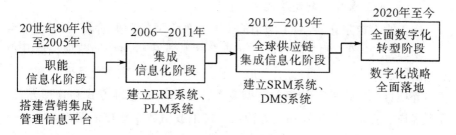

图 7-4　柳工股份数字化转型历程

（一）职能信息化阶段

柳工股份数字化转型的第一阶段是职能信息化阶段（20 世纪 80 年代至 2005 年）。在这一阶段，柳工股份以提高职能业务效率、支撑业务快速增长为目标，注重各个职能部门的需求，建立了完整的信息系统，搭建了营销集成管理信息平台——"柳工供方管理平台"。值得关注的是，从集团层面而言，注重各个职能部门的需求可能会使得各职能板块存在信息集成性问题。

（二）集成信息化阶段

柳工股份数字化转型的第二阶段是集成信息化阶段（2006—2011 年）。在这一阶段，柳工股份以"数字化柳工创新工程"规划为导向，将信息化打造成为企业核心竞争力以支撑企业发展变革，避免信息集成性问题。该工程建立了企业资源管理系统（ERP）和产品全生命周期管理系统（PLM），优化了研发、采购、制造、销售等核心业务流程，实现了全方位、多角度的集成信息化，包括财务与业务集成、产供销集成等。在这一阶段，柳工股份将信息化贯穿于经营生产全过程并连续 3 年入选"中国企业信息化 500 强企业"。

（三）全球供应链集成信息化阶段

柳工股份数字化转型的第三阶段是全球供应链集成信息化阶段（2012—2019 年）。从 2012 年开始，柳工股份精心打造以信息技术为支撑，以知识管理、流程管理为核心，集系统集成、协同办公、信息共享、精确管理为一体的知识化协同运营平台，建立海外子公司企业资源管理系统（ERP、PLM）、供应商关系管理系统（SRM）、经销商关系管理系统（DMS），提高了集团的财务管控能力，提升了产品研发效率，提高了资源协调管理能力。

（四）全面数字化转型阶段

柳工股份数字化转型的第四阶段是全面数字化转型阶段（2020年至今）。在这一阶段，柳工股份以"实现公司数字化战略全面落地，提升数字化系统建设水平"为目标，开展数字化整体架构、数字化运营、数字化营销等项目，加快推动数字化转型变革，运用新的思维方式和管理方式，提升客户、股东、员工及相关方价值。柳工股份数字化整体架构如图7-5所示。

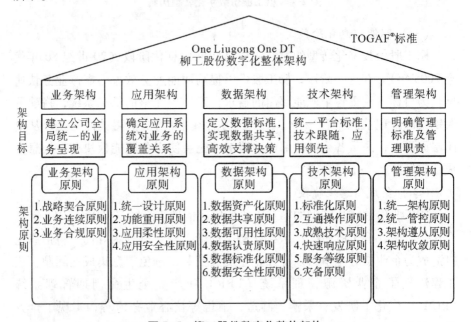

图 7-5　柳工股份数字化整体架构

柳工股份建设数字化工厂，以数字化拉动营销业务及管理转型升级，提高数字化营销服务能力。同时，承接重点打造项目"广西机械行业工业互联网平台建设项目"，为产业链上下游企业提供全面的数字化解决方案。此外，成立 AI 技术 & 控制应用研究所、电动技术与产品研究院、大数据所 & XR 技术应用中心，以加快产品智能化及新技术应用领域步伐。

第三节　柳工股份数字化转型的实现路径

自 2020 年以来，行业智能化和数字化转型加快，为了在激烈的市场竞争中保持优势，柳工股份积极在制造环节、运营环节、营销环节推进数字化转型。在制造环节，建设灯塔工厂实现智能制造，生产运营管理实现柔性生产，加大制造研发创新投入力度；在运营环节，实现智慧供应链管理，搭建数字化办公管理平台，完善数字化人才培养方案；在营销环节，探索线上营销新模式，完善后市场营销服务体系，完善客户关系管理系统。

一、制造环节数字化转型

柳工股份高度关注制造环节数字化转型，通过加大研发创新投入，深入实施"全面智能化"战略，建设灯塔工厂，实现柔性生产，进一步满足客户需求，助力企业全面数字化转型。

（一）建设灯塔工厂实现智能制造

为推动产品与施工智能化、营销与服务智能化，加快智能制造转型升级，柳工股份单项投资最大、智能化水平最高的装载机智能化改造项目"灯塔工厂"建成投产。装载机灯塔工厂通过构建企业工业物联网、创新应用智能制造关键技术装备来建设数字化工厂，有利于全面提升装载机整机及关键零部件的制造水平，助力柳工股份成为全球智能化领先的工程机械综合产业基地。

此外，公司深入实施"全面智能化"战略，加大智能制造投入，推广柳工生产制造体系（LPS），推进精益生产。通过工业机器人、自动化生产线等智能集成系统和智能物流设备推动"智造"变革，加速新工艺和新技术的应用，制造质量持续进步、工作环境不断改善、劳动效率持续提高。

（二）生产运营管理实现柔性生产

柳工股份注重生产运营管理实现柔性生产，在小型挖掘机拼焊车间，共有 5 个柔性工作中心和 9 条智能化拼焊产线，以线性化生产流程配置、均衡化生产，通过数据采集系统实时监控、及时预警和全过程追溯，使用"数据网"连接现场人员、设备、物料等生产要素，生产过程的物流、信息流达到高度协同统一，逐步实现精益化和人均产出最大化。

柳工股份通过生产运营管理实现柔性生产进一步满足客户需求。2021年，柳工全球供应商全生命周期管理平台成功上线，全面实现供应商管理数字化、信息化、智能化，不仅提升了供应链管理水平和工作效率，而且改善了各部门的沟通交流方式。柳工股份不断提升供应链和仓储运营效率，为客户提供更快捷的服务，同时通过配件计划管理系统（SPM），更精准地制订配件储备计划，提升订单综合交付率。2021年，柳工智慧矿山系统2.0发布，客户通过系统可以实现生产、设备、安全、效率、全流程实时数据化管理，进一步优化管理、降本增效、保障安全。

（三）加大制造研发创新投入力度

柳工股份持续加大制造研发创新投入，助力企业实现数字化转型。柳工股份聚焦深度变革研发体系，坚持自主创新，把技术创新作为内在驱动力，坚定不移走高质量发展之路，在大数据、智能化、数字化、电动化等方面掌握了较为成熟的研发、制造技术，助推柳工股份智能制造迈上新台阶。如图7-6所示，柳工股份研发投入逐年增加，研发投入占营业收入比重呈波动上升趋势。

图 7-6 2014—2022 年柳工股份研发投入及其占比

柳工股份积极引进优秀科研人才，打造专业科研队伍，为科研创新提供了人才保障。同时，柳工股份从多渠道引进高端科技人才，用多元化方式激励业绩优秀人才，多措并举打造研发领军人才，如图7-7所示，

2014—2022 年柳工股份研发人员数量逐年增加。

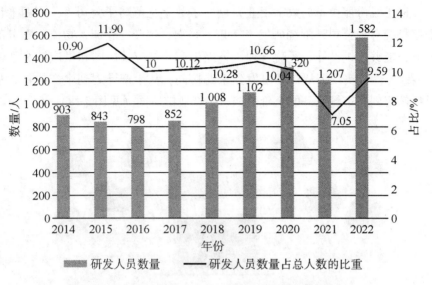

图 7-7　2014—2022 年柳工股份研发人员数量及其占比

二、运营环节数字化转型

运营环节的数字化转型有利于企业提高运营效率、降低成本、缩短生产周期、提升核心竞争力，柳工股份在运营环节采取实现智慧供应链管理、搭建数字化办公管理平台、完善数字化人才培养方案的措施来实现数字化转型。

（一）实现智慧供应链管理

柳工股份大力推进数字化转型工作，开展数字化供应链建设。在产业链内部实现研发、采购、制造、营销、服务等全价值链流程和信息打通。在产业链后端深入推进工程机械后市场数字化，建设了智能客服系统、智能备件管理系统。具体而言，柳工股份一是启动制造执行系统（MES）应用，将生产现场与 ERP 系统打通，实现车间计划排程、库存管理、准时物流、质量数据、交货跟踪等数据跟踪和及时反馈的综合有效管理；二是使用高级规划与排程系统（APS）直接对接 ERP 上的订单和计划信息，从而实现结合现场情况合理安排生产计划并及时调整，减少资源浪费，提高效率；三是使用仓库管理系统（WMS）实现仓库物料信息与 ERP 实时互联，有效管控库存、及时配送物料、检验监控来料，有利于提高质量、降低成本、交期优化。2022年柳工股份入选"2022年供应链创新与应用示范企业"。

柳工股份加快布局数字工业，创立了数字化范畴子公司——广西七识数字科技有限公司，围绕研发、销售、采购、生产、仓储、物流、财务等业务，能够提供设计、经营管理、智能生产、供应链协同和供应链金融等11朵"云"，实现了从产品研发到采购协同，从生产计划到生产执行，从整机销售到后市场服务的全价值链、全产业链协同（见图7-8）。

图7-8 柳工股份11朵"云"助力数字化转型

（二）搭建数字化办公管理平台

随着现代信息技术的不断发展，传统制造业企业开始重视数字化办公管理平台（OA）的建设。柳工股份携手金蝶构建了一体化合并报表系统"金蝶云·星瀚新一代EPM合并报表系统"，解决了公司系统集成难度高、合并工作量大、外币折算复杂等难题，满足了公司智能化出具法定合并、经营合并报表需求，实现了会计核算智能化、报表编制自动化和系统自主可控，从而推动加快建设世界一流财务管理体系。

2022年，公司数字化转型以运营系统建设和效率提升为主要目标，推动SAP深化应用与数据质量提升，明确各级领导职责、设定改善指标、开展赋能项目、推广监控平台。同时，推进研发工艺、产供销、营销售后等流程断点打通，建立柳工数据湖，实现产品性能画像、配件全流程和质量管理平台等多场景落地，为业务创新提供了有力支撑。

（三）完善数字化人才培养方案

数字化转型人才培训体系落实有利于加快数字化转型。柳工股份积极引进优秀科研人才，打造专业科研队伍，为科研创新提供了人才保障。2020年，柳工大学全面运营，搭建了五大中心课程体系，注重领导力培训、通用能力培训、专业能力培训，为公司培养各领域人才，促进人才专业化、系统化发展。2020—2022年，柳工股份培训投入经费分别为1 124万元、867万元、712万元。

此外，柳工股份发布职业技能等级标准，整理开发培训课件和考试题库，选聘技能讲师，成立工程机械驾驶操作培训基地、焊接实训基地和地控行车实训基地，打造"技能大讲堂""技能云学堂"和"技能超市"三种培训模式。为拓宽研发人员视野、学习国内外先进技术，公司组织了多场专家技术交流讲座，对新材料、新技术等展开探索和交流。

三、营销环节数字化转型

在营销环节数字化转型方面，柳工股份一方面积极探索线上营销新模式，为产品引流，为销售赋能；另一方面完善后市场营销服务体系、完善客户关系管理系统，以及时有效响应客户需求、提升企业竞争力。

（一）探索线上营销新模式

随着"互联网+"时代的到来，互联网为传统行业发展注入新动力，线上营销是数字化转型极为重要的一环。柳工股份将常态化营销转为线上直播销售、发布新产品，让国内外客户足不出户就能快速了解柳工股份的设备，实现线上交易。2020年，柳工股份全年开展多场全球巡播营销活动，以促销为目的，为品牌和产品引流，最终为销售赋能。如图7-9所示，虽然柳工股份销售费用呈波动上升趋势，但是销售费用占营业收入比重在下降，这体现出柳工股份线上营销对于拉动营业收入增长效果明显，助力了柳工股份营销层面的数字化转型。

此外，柳工股份升级建设客服中心，依托腾讯在大数据、AI等方面的技术，实现主动营销。依托腾讯生态连接能力、腾讯企点客服多渠道触达客群的经验积累，接入并打通了包括电话、网页、微信、小程序等多种渠道的客户信息，通过智能筛选，有针对性地向目标客户推广柳工股份的服务方案和产品，促进销售转化和复购。

（二）完善后市场营销服务体系

数字化为企业提升服务质量提供了坚实保障。2021年，柳工股份携手国内顶尖智能云端业务服务商、企业数字化转型专家腾讯云搭建了"柳工智慧客户服务系统"，向实现"后服务市场"的智慧营销与服务以及智慧管理踏出坚实的一步。

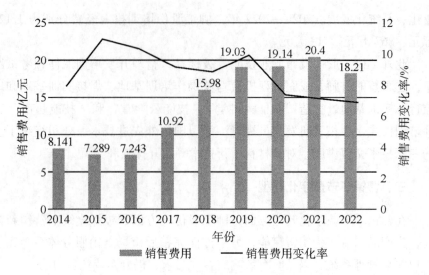

图 7-9　柳工股份销售费用及销售费用变化率

如图 7-10 所示，该系统是一个涵盖呼叫中心、全媒体客服在内，面向客户提供优质服务，打通内部多平台连接的客服业务中台，致力于为不同客户群体提供精细化、差异化的服务，及时有效地响应客户需求，使得柳工股份的企业竞争力得到进一步提升，实现企业服务数字化转型升级。

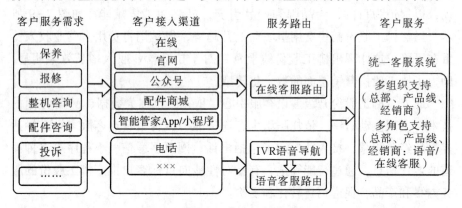

图 7-10　柳工股份智慧客户服务系统

（三）完善客户关系管理系统

柳工股份始终以客户和市场为导向，通过提升服务质量、推动服务创新升级、拓宽服务渠道等提升客户满意度。同时，通过举办客户节等方式倾听客户声音，完善客户关系管理系统，开发应用 DMS 平台（经销商沟通管理系统）、CRM 平台（客户关系管理）、智能管家服务云平台等全球经营、业务管理系统。

2021 年，柳工股份首次发布和上线了柳工全球客户服务系统（GCSS），通过大数据库处理客户需求与投诉，紧密联通客户、经销商、柳工股份三方，从而管理服务过程、结果、差异和提升服务能力等。2022 年，柳工股份持续在经销商及客户端推进数字化营销平台落地，构建客户 360 视图为中心的营销管理，实现精准定向营销；以打造设备 360 视图为中心的服务配件管理平台为目标，打造统一开放的数字化营销服务中台应用，提升数字化营销服务能力，充分挖掘客户需求，实现精准定向营销，打造新的盈利增长点。

第四节　柳工股份高质量发展的效果分析

制造业高质量发展的测算方法目前没有形成共识，本章参考部分学者的思路，从经营能力及新发展理念的视角构建制造业高质量发展指标体系（陈盼，2022）。具体而言，从盈利能力、偿债能力、营运能力、成长能力来分析柳工股份的企业经营能力，从创新投入和创新产出角度分析柳工股份的创新发展能力，从全面国际化战略实施角度衡量柳工股份的开放发展能力，从环保投入资金、单位产值能耗变化衡量柳工股份的绿色发展能力，从积极投身社会公益事业、支持乡村振兴战略衡量柳工股份的共享发展能力（邢皓，2021；黄令 等，2023；田时中 等，2023）。经过研究分析出数字化转型未能明显提升柳工股份的经营能力，但对创新发展具有一定的带动作用，能够较好地助力自身实现开放发展、绿色发展、共享发展的结论。

一、经营能力分析

经营能力能够反映企业一定时期内取得的经营成果，我们从盈利能力、偿债能力、营运能力和成长能力四个层面分析柳工股份的经营能力，探究柳工股份数字化转型的经营现状。整体而言，受新型冠状病毒感染疫情（以下简称"新冠疫情"）、市场竞争激烈等因素的影响，在柳工股份数字化转型过程中，经营能力相关指标波动较大，未能达到预期效果。

（一）盈利能力

盈利能力能够反映企业一定时期内获取营业利润的能力，本书选取每股收益、毛利率、净利率、总资产收益率、净资产收益率、经营活动产生的现金流与营业收入的比值来评价柳工股份的获利能力。

柳工股份数字化转型以来，盈利能力指标呈现波动上升又下降的趋势。根据表 7-3 和图 7-11 所示的相关盈利能力数据，受行业竞争等诸多因素的影响，2015—2022 年，柳工股份的毛利率呈现波动下降趋势，2015—2020 年每股收益、净利率、总资产收益率、净资产收益率波动上升，而在 2020—2022 年柳工股份全面数字化转型后，这些指标却逐年降低，这体现出数字化转型暂时没有为柳工股份带来预期的盈利效果，柳工股份需要调整相关策略，以实现高质量发展。

表 7-3　2014—2022 年柳工股份的盈利能力指标

指标	2014 年	2015 年	2016 年	2017 年	2018 年	2019 年	2020 年	2021 年	2022 年
每股收益/元	0.18	0.02	0.04	0.24	0.54	0.69	0.74	0.51	0.31
毛利率/%	21.94	25.53	24.87	23.04	22.81	23.66	21.28	17.47	16.8
净利率/%	1.88	0.31	0.68	3.09	4.65	5.6	5.74	3.57	2.44

图 7-11　2014—2022 年柳工股份的盈利能力指标对比

参考李迅雷（2021）提出的中国上市公司质量的量化评价体系，根据经营活动产生的现金流占营业收入的比重来衡量公司的造血能力。柳工股份数字化转型后，营业收入波动增加的同时造血能力却在下降。如图 7-12 所示，2016 年其经营活动产生的现金流占营业收入的比重达到峰值后波动下降，体现出造血能力明显减弱，影响企业整体盈利能力提升。

图 7-12　柳工股份的营业收入以及经营活动产生的现金流占营业收入的比重

（二）偿债能力

在偿债能力方面，我们通过流动比率来衡量短期偿债能力，通过资产负债率来衡量长期偿债能力。柳工股份数字化转型后，短期偿债能力较强，长期资金得到合理利用，抗风险能力较强。如表 7-4 所示，从短期偿债能力来看，2014—2022 年流动比率均大于 1，说明企业资产的变现能力较强，短期偿债能力亦较强。从长期偿债能力来看，2014—2017 年资产负债率低于 60%，说明长期偿债能力较强，而 2018—2022 年企业的资产负债率在最佳水平 60% 附近波动，说明其长期偿债能力较稳定。

表 7-4　柳工股份的偿债能力数据

指标	2014 年	2015 年	2016 年	2017 年	2018 年	2019 年	2020 年	2021 年	2022 年
流动比率（倍数）	2.00	1.84	1.45	1.35	1.48	1.47	1.33	1.57	1.37

表7-4(续)

指标	2014 年	2015 年	2016 年	2017 年	2018 年	2019 年	2020 年	2021 年	2022 年
资产负债率/%	56.13	56.31	57.02	56.32	61.48	63.73	61.82	60.05	59.36

（三）营运能力

营运能力可以采用总资产周转率、存货周转率、应收账款周转率来衡量，柳工股份数字化转型以来，营运能力指标呈现波动上升又下降的趋势。如图 7-13 所示，2015—2020 年总资产周转率、存货周转率、应收账款周转率波动上升，体现出营运能力向好，企业能高效利用资产，而在2020—2022 年，受新冠疫情影响，行业竞争较为激烈，这些指标逐年降低，体现出营运能力下降，柳工股份需要调整营运管理策略。

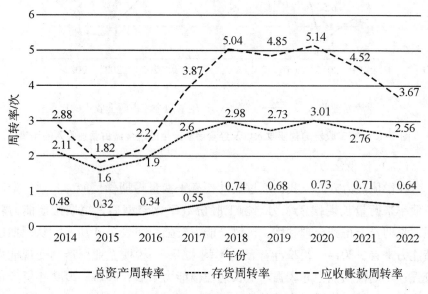

图 7-13　柳工股份的营运能力指标

（四）成长能力

我们主要选择能评价企业未来发展壮大潜在能力的重要指标——营业收入增长率、净利润增长率，以及能体现资产规模增长情况的总资产增长率来衡量柳工股份的发展能力。柳工股份数字化转型为企业带来一定程度上的成长能力提升空间，如表 7-5 所示，从营业收入增长率和总资产增长率来看，2016—2022 年仅有 1 年为负值，其余为正值，说明柳工股份具有较为广阔的成长前景。2016—2020 年柳工集团净利润增长率持续为正，说明其盈利空间向好，但 2021—2022 年为负，说明其盈利空间在缩小，未来可能面临成长空间不足的问题。

表 7-5 柳工股份的成长能力数据

单位:%

指标	2014 年	2015 年	2016 年	2017 年	2018 年	2019 年	2020 年	2021 年	2022 年
营业收入增长率	−18.21	−35.34	5.25	70.42	51.48	6.04	35.47	10.48	−7.74
净利润增长率	−40.20	−89.26	131.13	604.45	127.7	28.74	41.59	−30.76	−39.90
总资产增长率	−7.84	−2.02	0.98	11.27	14.47	13.92	13.89	−1.41	4.46

二、创新发展能力分析

企业在研发方面持续投入，有利于提升技术创新能力、提高产品质量和附加值，增强市场竞争力，推动技术升级和转型升级，促进企业可持续发展（丁华 等，2021）。随着制造业企业转型升级，企业面临一定的挑战，因此应当坚持创新引领发展，本章从创新投入和创新产出角度分析柳工股份的创新发展能力。在研发投入方面，我们选取研发投入资金及研发投入资金增长率指标来衡量研发投入力度，并使用企业研发投入占收入的比重来衡量企业研发经费投入强度，使用研发资本化率来衡量研发投入转换率；在创新产出方面，我们选择无形资产及其变动率衡量创新产出成果，通过新产品数量、授权专利数、新产品销售额、新产品销售额占销售总额比例指标判断研发效率。整体而言，数字化转型对创新发展具有一定的带动作用。

在研发投入方面，柳工股份重视研发投入，致力于实现企业创新。如图 7-14 所示，2015—2022 年柳工股份研发投入资金不断增加，研发投入增长率逐年增加后缓慢下降，但均大于 0，体现出柳工股份坚定不移地走自主创新道路，持续增强自主创新实力，通过加大研发投入、创新产品与技术来打造核心竞争力，牢牢把握创新发展的主动权。

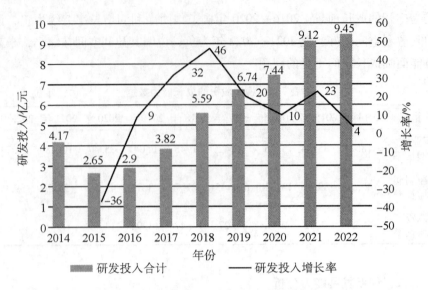

图 7-14 柳工股份的研发投入及其增长率

　　我们使用企业研发投入占收入的比重来衡量企业研发经费投入强度，使用研发资本化率来衡量研发投入转换率。柳工股份数字化转型后研发经费投入强度下降，研发资本化率相对来说比较低。如图 7-15 所示，柳工股份 2015 年研发投入总额占营业收入的比重、资本化研发投入占研发投入的比重较高，2016—2022 年 2 个指标呈波动下降趋势，研发投入总额占营业收入的比重维持在 3% 左右，体现出研发资本化率比较低、研发投入转换率不高，说明柳工股份应当保持高比例的研发投入来不断增强公司产品的核心竞争力，保障公司盈利能力的可持续性，并且应当更多地将研发成果转化为技术资产，为企业带来预期的经济利益流入。

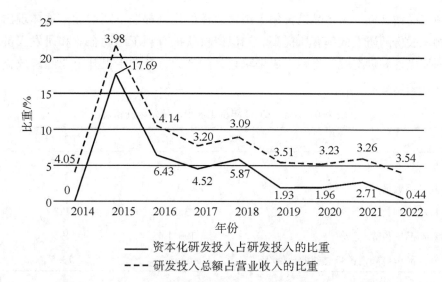

图 7-15　柳工股份的资本化研发投入比重及研发投入总额比重

从创新成果转化来看，柳工股份的无形资产呈现逐年增加趋势。如图 7-16所示，自 2014 年以来，柳工股份的无形资产都在波动上升，说明数字化转型成果较为丰硕，进一步说明在柳工股份持续高比例的研发投入有一定量的创新产出。

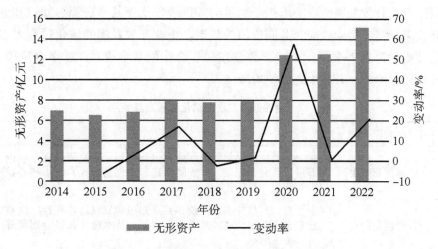

图 7-16　柳工股份的无形资产及其变动率

从研发创新产出角度来看，柳工股份的研发效率有所提高。表 7-6 柳工股份的研发创新情况显示，2021—2022 年新产品数量、授权专利数量、新产品销售额、新产品销售额占销售总额的比例都在不断增加，这体现出柳工股份的研发效率有所提高。知识产权获批有利于调动企业和研发人员的积极性和创造性，将智力成果转化为生产力，有助于提升企业经济效益和社会效益。

表 7-6 2021—2022 年柳工股份的研发创新情况

指标	2021 年	2022 年
研发投入/亿元	9.12	9.45
新产品数量/个	31	132
授权专利数量/个	355	428
新产品销售额/亿元	193.1	195
新产品销售额占销售总额的比例/%	63.3	73.5

三、开放发展能力分析

企业开放发展是指企业在经营和发展过程中，持开放的态度和策略，与外部环境进行广泛的互动、合作和交流。它强调与外部资源、知识和合作伙伴的开放性接触，以加速企业创新能力、竞争力的提升以及可持续发展。企业开放发展的中心思想是通过与外部合作伙伴共享资源、知识和创新成果，实现协同效应和共同价值的创造。企业开放发展的演化过程可以大致概括为表 7-7 所示的内部创新阶段、合作创新阶段、开放平台阶段、开放组织阶段、开放生态系统阶段。

表 7-7 企业开放发展的演化过程及其特点

阶段	特点
内部创新阶段	企业主要依靠内部资源和能力进行创新，研发团队在企业内部进行研究和开发，形成闭门造车的创新模式，注重核心技术和知识产权保护
合作创新阶段	企业意识到与外部合作伙伴共享知识和资源的重要性，注重建立合作关系，通过共同研发项目、技术转让和联合创新等方式实现创新
开放平台阶段	企业构建开放式的平台生态系统，吸引第三方开发者和合作伙伴参与创新，基于平台开发应用程序和服务，拓展产品和服务的功能和范围

表7-7(续)

阶段	特点
开放组织阶段	企业打破传统的层级结构和沟通壁垒,倡导员工参与决策、信息共享、跨部门合作,激发创新和创造力、促进快速迭代、及时响应市场变化
开放生态系统阶段	企业超越单一平台范畴,与更广泛的生态系统中的参与者进行合作,通过共享资源、协同竞争等方式实现生态系统的良性循环和增长

柳工股份深入贯彻习近平总书记视察广西与柳工集团时的重要讲话精神,聚焦"全面国际化"战略目标,致力于实现开放发展并卓有成效。一是柳工股份推进全面国际化,积极参与海外项目建设,助力"一带一路"高质量发展,持续加强海外交流,持续提升国际市场影响力,上线运行柳工全球客户服务系统,提升海外服务质量和客户满意度。二是建强产业链,柳工股份持续开展供应链变革,提升供应链核心业务数字化水平,构建起研发、制造、供应链、营销和后市场完整的海外产业全价值链,完成SRM迭代,助力建设全球数字化供应链。三是赋能行业发展,柳工股份通过参与行业论坛、开展行业合作以及参与行业标准制定等形式,持续强化与各级政府、企业、行业协会的交流合作,为行业高质量发展蓄势赋能。如图7-17所示,在全面国际化战略落地、海外市场扩大的背景下,柳工股份海外市场销售额逐年攀升,海外市场收入占总销售收入比重逐年增加,2022年海外市场销售收入突破80亿元,同比增长近40%,高于行业近30个百分点,体现出柳工股份在开放发展方面卓有成效。

四、绿色发展能力分析

企业绿色发展理念是指企业在经济发展的过程中,注重环境保护和可持续发展的一种理念。该理念强调企业在追求利润的同时要充分考虑生态环境和社会责任,实现经济效益、环境效益和社会效益的良性互动。企业绿色发展的核心目标包括节约资源、减少污染、提高能源效率、推动循环经济、开发绿色产品、履行社会责任等。企业绿色发展理念的演化过程可以大致分为环境合规阶段、资源节约阶段、环境管理阶段、循环经济阶段、生态共享阶段,各个阶段的特点如表7-8所示。

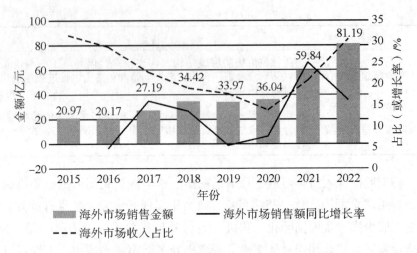

图 7-17　2015—2022 年柳工股份的海外市场销售情况

表 7-8　企业绿色发展的演化过程及其特点

阶段	特点
环境合规阶段	企业关注环境法律法规，履行环保责任，避免违法违规行为。企业设立环保部门，进行环境监测报告，并对可能产生的环境污染进行控制和治理
资源节约阶段	企业意识到资源的有限性和可持续利用的重要性，开始关注节约能源、减少废物和污染物排放，采取一些简单的措施以减少资源消耗和环境负荷
环境管理阶段	企业将环境管理纳入企业战略并作为企业长期发展的重要目标，企业建立完善的环境管理体系，采取系统化措施减少环境影响，提高资源利用效率
循环经济阶段	企业开始推行循环经济理念，将资源的回收再利用、产品的再制造和废物的再处理作为重要策略，实现资源的最大化利用和循环利用
生态共享阶段	企业将绿色发展理念与社会责任、创新结合，积极寻求与利益相关者的合作，推动构建生态系统和共享价值，以实现经济、环境和社会的协同发展

在"碳达峰、碳中和"的国家战略指引下，柳工股份根据自身情况选择适合的绿色发展理论并结合实际操作来推动绿色发展，将绿色融入公司研发、设计、生产、制造等各个环节中，推动企业绿色低碳循环发展行稳致远。一是坚持可持续发展理论，注重技术创新，研发绿色产品。可持续发展理论强调平衡经济、社会和环境的利益，追求长期稳定和可持续的发

展，柳工股份深入探索智能化、电动化前沿技术的应用与推广，构建完善的电动工程机械发展体系，形成了装载机、挖掘机、矿用卡车等成套电动设备施工解决方案。二是坚持社会责任理论，加强环境保护，开展环境治理工作。社会责任理论强调企业在经营过程中主动关注社会和环境问题，并采取积极的行动来解决这些问题，柳工股份深入推进环保专项治理、持续开展作业环境改善、组织推进环境监测治理。三是掌握循环经济理论，开展节能技改，促进节能节排。循环经济理论提倡将资源的使用和废物的处理纳入一个闭环系统，通过回收再利用、废物资源化等方式，最大限度地减少资源消耗和环境污染，柳工股份通过建设光伏项目节约电能，运用大数据实现数字化节能，优化空压机实现系统节能。

根据企业社会责任报告，柳工股份加大环保投入力度并取得了单位产值能耗下降的成效。如图 7-18 所示，2015—2022 年柳工股份的环保投入资金呈现波动上升趋势，这体现出柳工股份将绿色制造、环境保护、绿色研发、节能减排放在首要位置，加大环保投入力度，推进公司绿色转型升级和高质量发展。如图 7-19 所示，2010—2020 年柳工股份披露的单位产值能耗逐年下降，但是 2022 年小幅上升，说明柳工股份在后续高质量发展中仍需要关注资源的有效利用程度。

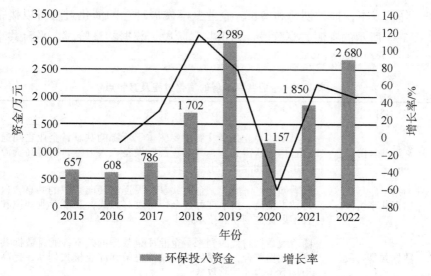

图 7-18　2015—2022 年柳工股份的环保投入资金及增长率

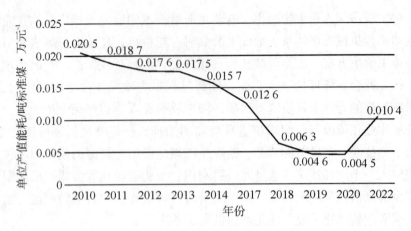

图 7-19　2010—2022 年柳工股份的单位产值能耗变化趋势

五、共享发展能力分析

企业共享发展是指企业在发展过程中，积极倡导和实践资源共享、合作共赢的理念和模式。企业共享发展的中心思想是通过合作和共享资源，实现企业之间的互利共赢和可持续发展。这一理念强调企业之间的合作与竞争相结合，通过共享知识、技术、设施、市场等资源，提高资源利用效率，降低成本，推动创新和增长。企业共享发展理念的演化过程可以概括为表 7-9 所示的资源共享阶段、知识共享阶段、数据共享阶段、平台共享阶段、生态共享阶段。

表 7-9　企业共享发展的演化过程及其特点

阶段	特点
资源共享阶段	最早期的企业共享发展主要侧重于资源的共享，企业之间通过合作与联盟关系，共享资源、设备、人力等，以提高资源利用效率和降低成本
知识共享阶段	随着知识经济崛起，企业共享发展逐渐转向知识的共享，通过技术交流、技术许可、合作研发等方式，共享专业知识和技术以促进创新和技术进步
数据共享阶段	随着大数据时代的到来，企业注重数据的共享，通过数据共享和数据整合，实现数据驱动的决策和商业模式创新，提高市场竞争力和运营效率

表7-9（续）

阶段	特点
平台共享阶段	随着共享经济的兴起，企业可以通过共享平台，将自身的产品、服务或资源共享给其他企业或消费者，实现资源优化配置和价值最大化
生态共享阶段	企业不仅与合作伙伴共享资源和知识，还积极参与行业生态系统的建设和共创，与各方共同创造价值、推动创新和可持续发展

根据社会资本理论，社会资本的形成与社区中的合作关系密切相关。共享经济可以通过建立社区共享平台和组织社区活动等方式，鼓励社区成员之间合作和互助。社区合作不仅可以提高资源的利用效率，还可以增强社区凝聚力和促进社会资本的积累，为共享发展提供支持。柳工股份在自身发展壮大的同时积极投身社会公益事业，构建和谐社区，通过志愿者服务回馈社会。柳工股份积极参与文明社区建设，鼓励员工参与志愿者服务，帮助社区弱势群体，促进当地社区发展。柳工股份注重服务奉献社会，热心社会公益活动，开展义务植树活动、助力防汛抢险、支援抗震救灾工作，树立企业履责的榜样，助力社会可持续发展。

根据资源依赖理论和双赢理论，资源的整合和优化配置可以更好地满足需求，提高效率和竞争力来推动共享发展。柳工股份以消费帮扶等多种形式，大力支持乡村振兴战略落地。一是积极响应国家乡村振兴战略，投入帮扶资金，升级改造基础设施，为产业振兴提供更加坚实的基础保障，2021—2022年柳工股份的定点帮扶情况如表7-10所示。二是开展消费帮扶，使用员工福利费购买定点帮扶村和脱贫地区的农副产品，以实际行动助力村民增收。三是创新"党建+基地+合作社+农户"致富模式，充分利用信息、资源等方面的优势带动群众致富。四是注重教育帮扶，支持乡村人才的培养和建设，以自身支教力量改善乡村教育资源紧缺、教育质量亟待提高等问题，促进帮扶地区就业以及经济建设可持续发展。

表7-10　2021—2022年柳工股份的定点帮扶情况　单位：万元

年份	类别	美俗村	高友村	枫木村	扶平村	思欧村	总数
2021	投入资金	11.75	6.1	40.98	13.5	15.35	87.68
	捐赠物资	1.56	0.44	0.83	2	0.48	5.31

表7-10(续)

年份	类别	美俗村	高友村	枫木村	扶平村	思欧村	总数
2022	投入资金	39.19	33.44	32.78	37.51	12.58	155.5
	捐赠物资	1.76	1.68	1.67	1.66	1.69	8.46

第五节　本章小结

本章通过对柳工股份数字化转型案例的分析，探讨了柳工股份数字化转型的动因、过程、实现路径以及实施效果，重点从企业的制造环节、运营环节、营销环节三个方面探讨企业数字化转型的路径，并从经营能力及新发展理念的视角构建了制造业高质量发展指标体系，得出如图7-20所示的数字化转型赋能企业高质量发展的作用机理图。

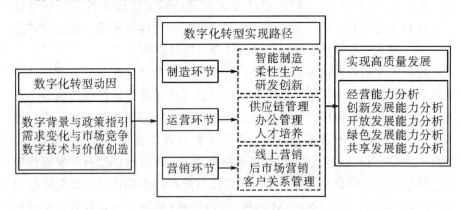

图 7-20　数字化转型赋能企业高质量发展的作用机理

（一）结论

第一，柳工股份通过数字化转型提升了企业的创新能力。引入先进的数字化设计工具可以使产品设计更加精细化和个性化，从而增加产品的竞争力。数字化模拟的应用早期就能够预测产品性能，减少试验次数，降低研发成本，有助于提升企业创新能力。建立数字化知识库可以实现知识的积累和共享，提高研发效率。数据分析能够发现知识价值，推动知识创新，进一步提升企业创新能力。数字化协同平台可以使跨部门、跨地区协同工作成为可能，提高企业研发效率。同时，协同创新汇集多方智慧，推动产品创新，有助于提升企业创新能力。数字化研发的实施使得柳工股份能够灵活应对市场需求的变化，快速推出符合客户需求的创新产品。这不仅可以提升企业市场竞争力，还为柳工股份带来了更多的商业机会。

第二，柳工股份数字化转型优化了资源配置方式，显著提高了企业全要素生产率。作为中国重要的工程机械制造商，柳工股份近年来致力于数字化转型，以优化资源配置方式，从而显著提高企业的全要素生产率。这一转型包括生产流程改进、企业管理升级、产品设计创新以及市场营销战略升级等多个方面。通过引入先进的数字化生产设备和技术，柳工股份实现了生产过程的自动化和智能化，大幅提高了生产效率并降低了成本，同时也显著提升了产品质量。柳工股份还通过数字化转型，实现了现代化和科学化的企业管理。引入 ERP、CRM 等管理信息系统，使柳工股份能够实时获取和分析各类业务数据，为决策提供科学依据。此外，通过数字化技术，柳工股份还实现了供应链的透明化和协同化，提高了资源配置的效率。最后，柳工股份通过数字化转型实现了产品设计和市场营销的创新。通过优化资源配置方式，柳工股份显著提高了企业的全要素生产率。这一转型不仅增强了柳工股份的竞争力，也为中国制造业的数字化转型提供了有力的示范。

第三，柳工股份通过智能化供应链的建设推动了企业的绿色低碳发展。近年来，柳工股份积极推动智能化供应链建设，以促进企业绿色低碳发展。通过智能化供应链建设，柳工股份优化了生产流程，即引入先进物联网技术，实时监控生产过程，及时发现和解决问题，大幅提高生产效率。同时，通过精细化管理，还减少了生产过程中的浪费，降低了生产成本，有助于实现绿色低碳发展。通过引入先进的物流管理系统，柳工股份能够实时追踪货物位置，提高物流效率。通过优化物流路线，柳工股份还减少了运输过程中的碳排放，有助于实现绿色低碳发展。在采购过程方面，柳工股份优化资源配置，引入先进的采购管理系统，实时获取供应商信息，提高了采购效率。同时，柳工股份选择环保的供应商推动供应链的绿色化，有助于实现绿色低碳发展。

（二）启示

柳工股份作为广西工程机械行业的龙头企业，是推动自主创新、促进高质量发展的示范标杆，"北看徐工，南看柳工"是对柳工股份的极大赞誉，柳工股份通过吸收并采用新兴数字技术来提升企业高质量发展水平，但柳工股份面临进一步调整产业结构、提升产品质量水平等压力，实现转型升级需付出更大的努力。基于此，我们得出以下启示：

第一，数字化转型要实现智能化生产。为加快智能制造转型升级，柳工股份深入实施"全面智能化"战略，加大智能制造投入，建设灯塔工厂、实现柔性生产，使得智能制造成为柳工股份的新名片，从而取得降本增效的成果。因此，企业若想在制造环节成功完成数字化转型，需要运用人工智能等新兴技术帮助企业实现智能化管理。

第二，数字化转型要提升研发管理效率。柳工股份坚持创新引领发展，研发投入金额逐年增加，研发投入占营业收入的比重呈上升趋势，同时积极引进科研人才，为科研创新提供人才保障。然而，研发创新产出部分指标并没有达到预期效果，研发资本化率比较低。因此，企业若想有更明显的数字化转型效果，不仅要提升资金投入力度，还应关注研发创新产出效果，及时调整企业策略。

第三，数字化转型应关注经营能力变化。柳工股份在数字化转型过程中，受行业竞争、自身发展等诸多因素的影响，盈利能力、偿债能力、营运能力和成长能力部分指标波动较大。企业应高度关注相关指标，及时调整策略。同时，在数字化转型过程中，企业还应坚持贯彻落实"创新、协调、绿色、开放、共享"的新发展理念，加快构建新发展格局，致力于实现高质量发展。

第八章 数字化转型赋能高新技术企业高质量发展的案例研究

桂林福达股份有限公司（以下简称"福达股份"）作为获认定的国家级高新技术企业，自 2017 年起积极实施数字化转型与智能制造策略。该公司数字化转型的成绩获得广泛认可，荣获"2021 中国汽车行业标杆数字化车间"和"国家专精特新'小巨人'企业"等多项重要奖项。这些成就标志着福达股份在数字化和高端制造领域的显著进展。本章将福达股份作为案例研究对象，深入分析其数字化转型的动因和实施过程，并探讨数字化转型如何促进企业的高质量发展，旨在为同类高新技术企业提供数字化转型促进高质量发展的理论参考和实践指南。

在中国经济体系中，企业作为关键的微观主体，其高质量发展实现是微观经济领域的核心课题（王琳 等，2023）。随着人工智能、大数据、区块链、云计算等尖端技术的迅猛发展，数字经济作为一种新型经济模式迅速崛起（黎传熙，2023）。工信部的《中国数字经济发展指数报告（2022）》显示，2013—2021 年，中国数字经济指数的年复合增长率达到了 24.06%，显著超过同期 GDP 的增长率。这一数据凸显了数字经济在推动整体经济发展中的重要作用。2021 年，国务院发布《"十四五"数字经济发展规划》，突出企业在增强数字化能力方面的重要性。此外，党的二十大报告强调实体经济是国家经济发展的重点领域。由此可见，企业在实体经济与数字经济融合方面的深化探索已成为促进高质量发展的关键因素（徐雪娇 等，2023）。

华经产业研究院最新数据显示，截至 2023 年 3 月，广西壮族自治区共有工业企业 9 102 家，其中制造业企业占比超过 85%。在广西的经济结构中，制造业企业扮演着关键角色，是最先响应国家高质量发展战略并启动数字化转型的实体经济领域之一。这些企业已认识到数字化转型在促进企业高质量发展方面的重要性，并开始整合数字技术。然而，由于缺乏深入的实践经验和明确的战略规划，许多企业的数字化转型尚未深入，未能在竞争激烈的市场环境中有效重塑其竞争优势（刘东阁 等，2023）。崔争艳（2023）的研究指出，中国先进制造业通过数字化转型释放潜能和对经济的贡献还未完全实现。鉴于此，本书选择广西知名汽车零部件制造商——福达股份作为案例，分析其自 2017 年开始数字化转型的过程。如今，福达股份已实现研发、采购、生产、销售到售后全价值链的数字化管理，有效降低了成本，提高了效率，并实现了创新、协调、绿色、开放和共享的高质量发展。本章旨在通过探索福达股份数字化转型对其高质量发展的影响，为其他企业提供实践经验和战略指导。

第一节　福达股份案例描述

为保障本章研究设计的严密性和可靠性，我们将详尽阐释选定案例的代表性和所用数据的可获得性，以证明案例选择的逻辑合理性。首先，本章将对选定案例进行深入评估，考察其在相关研究领域的代表性，确保其能有效反映行业或领域的普遍状况。其次，本章将细致审视数据收集的各个渠道，对数据来源的准确性和可靠性进行严格的验证，从而为研究的深入分析和讨论打下坚实的基础。

一、企业简介

（一）公司介绍

桂林福达股份有限公司（股票代码：603166）作为认证的国家级高新技术企业，主要业务涉及汽车、船舶、工程机械、农业机械等动力机械行业。自 2017 年开始，公司致力于实现信息技术与工业技术的深度融合，特别是集成了 5G 和工业互联网等先进技术。在既有工业 1.0、2.0、3.0 多重模式并行的环境中，公司着力于质量管理的数字化转型。目前，公司具备每年生产 150 万根发动机锻钢曲轴、60 万套汽车离合器总成、20 万套螺旋锥齿轮、300 万件精密锻件及 1 000 万支高强度螺栓的能力。

（二）发展历程

桂林福达股份有限公司成立于 2008 年，源起于桂林汽车零部件总厂。

2000 年起，公司开始扩充其产品线，从离合器生产拓展至锻钢曲轴制造。2003 年，公司在锻钢曲轴生产方面达到规模化。2009 年，公司进入精密锻件市场。2014 年，福达股份成功在上海证券交易所上市。2018 年，为拓展大型曲轴市场，公司与全球领先的大型曲轴制造商阿尔芬建立了合作关系。2022 年，公司成立新能源电驱科技分公司，进一步加强其在新能源领域的布局（见图 8-1）。

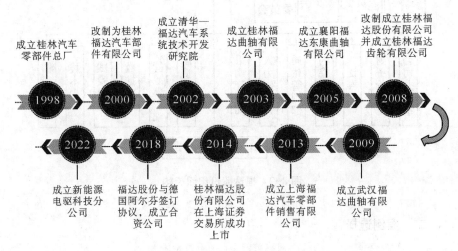

图 8-1 福达股份发展历程

（三）组织架构

如图 8-2 展示，福达股份实行传统的职能式组织结构。在这一架构中，股东大会下属有董事会和监事会。董事会由四个关键委员会组成，即战略委员会、提名委员会、审计委员会、薪酬与考核委员会。作为公司的决策层，董事会负责聘任经营管理层及专业经理人。公司下设多个管理部门，包括公司办公室、财务管理部、内控审计部、人力资源部等 13 个部门。此外，公司还设立与各中心部门平级但受其专业指导和监督的子公司。这些子公司共有 11 家，包括桂林福达曲轴有限公司、桂林福达齿轮有限公司和上海福达汽车零部件销售有限公司等。

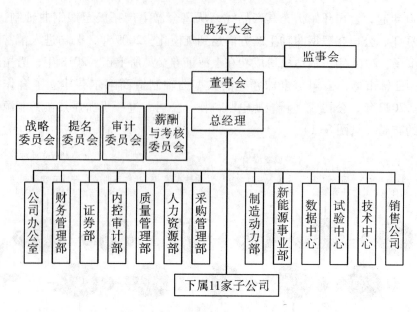

图 8-2　福达股份组织架构

二、案例选择

本章选择桂林福达股份有限公司作为案例研究对象，主要出于以下两个考虑：首先，根据李高勇和毛基业（2014）的研究，案例样本的典型性和代表性是确保研究结论可靠性的关键因素。福达股份作为广西地区数字化转型的领军企业之一，其在"结合 5G 和工业互联网技术赋能传统产业，推动质量管理的数字化转型"方面取得显著成果，这一成就已使其被列入《2022 年全国质量标杆典型经验名单》。因此，福达股份作为案例研究对象，不仅具备典型性，同时也具有代表性。其次，案例的选择还需要考虑数据的可获得性、完整性和准确性（游宇 等，2020）。福达股份作为一家在上海证券交易所上市的企业，其数据披露完整、详尽，信息公开透明，易于获取，能够为案例分析提供可靠的数据支持。此外，福达股份的数字化转型工作也受到了众多媒体的关注和报道，增加了相关信息的可获得性。

三、数据收集

本章的数据收集工作主要依托于官方网站、新闻报道、学术文献等多种来源，以二手数据为核心（见表 8-1）。具体的数据收集途径包括：
①官方资料，例如福达集团和福达股份的官方网站发布的年度财务报告、
社会责任报告、企业发展沿革以及数字化转型相关的信息；②媒体报道，
涵盖福达股份及其利益相关方的新闻报道和视频采访等；③学术资料，包
括与案例企业相关的研究论文和学术出版物；④直接观察，通过分析相关
资料综合得出数字化转型与高质量发展的实施路径。这些多元化的信息来
源有助于确保数据收集的全面性和准确性，从而为进行深入的案例研究提
供坚实基础（王梦浛 等，2019）。

表 8-1 数据收集概况

数据来源	名称	数据内容	篇数/篇
官方网站	公司年报、ESG 报告等	福达股份基本信息及财务状况等	15
媒体报道	新闻网站(搜狐网、腾讯网等)	福达股份数字化转型相关信息	32
学术资料	以福达股份为案例研究的文献	福达股份关键历程及重大事件	2
数据统计	CSMAR 数据库、数字中国发展报告	中国数字经济规模等数据	
直接观察	梳理福达股份数字化转型与高质量发展的实现路径		

第二节 福达股份数字化转型的动因与过程

福达股份数字化转型受到多层次因素的影响，包括宏观环境的变化、
政策走向、行业发展趋势以及公司本身的战略规划。这些从外部到内部的
因素紧密相连，共同促使福达股份走上数字化发展的道路。在数字化转型
的实施过程中，福达股份从整体价值链出发，覆盖从上游到下游的各个环
节，有效地完成了全面的数字化改造。

一、数字化转型的动因

（一）国家政策导向

自 2012 年以来，中国国务院陆续发布多项指导性政策，以加速信息技

术的发展并确保信息安全。《国务院关于大力推进信息化发展和切实保障信息安全的若干意见》（2012年）强调企业加速数字化进程的重要性，特别是在企业资源和供应链管理系统的普及方面。《国务院关于印发"十三五"国家信息化规划的通知》（2016年）进一步提出促进工业化与信息化融合的策略，旨在将制造业与互联网紧密结合，并推进"中国制造2025"计划，支持制造业在数字化和智能化方面的技术发展。这些政策不仅为制造业企业的数字化转型提供了明确的方向，也加速了其数字化转型升级的进程。

（二）经济环境变化

从图8-3可见，中国数字经济的规模及其占GDP的比重都显示出稳定增长的趋势。到2022年，中国的数字经济规模达到了50.2万亿元，占GDP的比重为41.5%，几乎是10年前的2倍。公开资料显示，2022年，制造业的数字化转型加速推进，工业互联网覆盖率已超过85%的工业大类，核心产业规模超过1.2万亿元，同比增长15.5%。同时，数字技术与实体经济的融合不断深化，国家工业企业关键工序数控化率和数字化研发设计工具的普及率分别增至58.6%和77.0%。这些数据表明，数字经济已成为当代经济发展的关键推动力，对企业成长和整体经济进步发挥着不可忽视的作用。

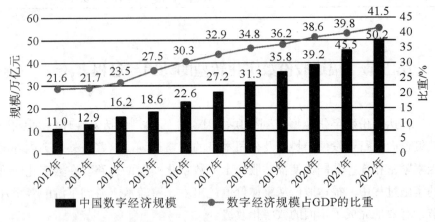

图8-3　2012—2022年中国数字经济规模及其占GDP的比重

（三）行业环境波动

汽车零部件制造企业的运营状况极大地依赖于整个汽车行业的市场环境。从图8-4可知，2015—2017年，汽车行业的景气指数经历先下降后上升的波动，范围在 120～140，平均值为 126.6。这一时期，中国汽车制造业的增加值增长率显示出显著的波动性和不确定性。自 2018 年起，行业景气指数和汽车制造业增加值增长率的波动更加剧烈。特别是在 2020 年 3 月，受新冠疫情的影响，增加值增长率急剧下降至−22.4%；与此同时，行业景气指数也降至 100 以下，降为 89.22，这是 2012—2021 年的最低点。这些数据表明，汽车制造业整体进入一个发展放缓的阶段，行业进入存量竞争时代，竞争日益加剧。面对这种情况，汽车零部件制造企业正寻求通过数字化转型来增强其生存和发展的适应性和韧性。

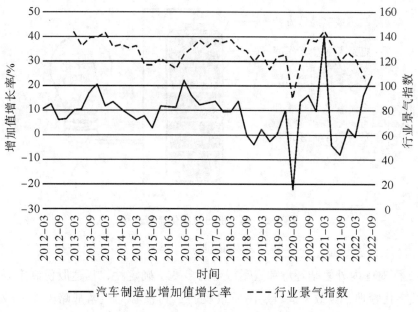

图 8-4　2012—2022 年我国汽车制造业增长情况

（四）获取核心竞争

对于利润较低的汽车零部件制造企业而言，在面临剧烈市场竞争的情况下，单纯依靠价格竞争策略来增加市场份额并不是一个可持续的解决方案。相反，数字化转型成为一条更为实际且有效的道路。通过数字化转型，企业能够实现智能化生产、数字化研发和服务。这不仅可以优化管理流程，还可以促进运营流程的再造，从而显著提升企业的核心竞争力。数字化的加持还使企业能更有效地缩短生产周期，显著提高工作效率和管理水平，并迅速响应客户需求。这些转型带来的优势正是汽车零部件制造企业在激烈的市场环境中所迫切需要的竞争力。

二、数字化转型的过程

福达股份自2017年开始逐步探索数字化转型之路，在战略端紧紧围绕"数字化管理、高效率运行、高质量发展"的经营方针展开布局；生产端结合数字化技术提升公司管理能力，打造数字生产车间；物流端以提高管理效率为目的，实现仓库物流智能化管理系统全面上线运行；信息端通过全过程数字化整合资源，有效保证企业运营与决策的可靠性；人才端注重数字化专业人才培养，致力于打造数字化核心团队（见图8-5）。

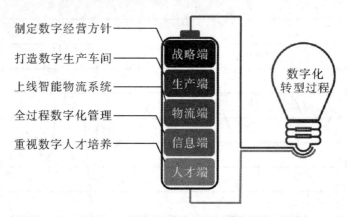

图8-5　福达股份数字化转型过程

（一）战略端：实施数字化经营战略

面对国内外复杂环境和汽车行业的多变不确定性，福达股份制定了以"数字化管理、高效率运行、高质量发展"为核心的经营战略。这一战略明确了企业数字化转型的方向，并指导企业有效应对原材料价格波动、芯片短缺、商用车需求减少等挑战。在此基础上，公司推行数字化管理，构建5G网络基础设施，并实施MES（制造执行系统）、WMS（仓库管理系统）和设备互联等数字化应用。同时，启动智慧园区建设，运用新技术和模式，实现系统间的互联互通，提升整个公司的数字化、网络化和智能化管理水平。福达股份通过构建智慧工厂，为未来的数字化发展奠定了坚实基础。

（二）生产端：构建数字化生产车间

福达股份自2017年开始对4000T1生产线进行智能化改造，并于2018年1月底完成改造投产。此次改造将齿轮毛坯生产线的效率提高了25%，解决了供应瓶颈问题。这一成功的智能化改造使得福达股份旗下的重工锻造公司的"曲轴数字化锻造车间系统"被选为 2017 年工信部的智能制造试点示范项目。此后，福达股份致力于全生产线的数字化和智能化升级，强化 MES 系统和专项技术的应用，打造数字化生产车间，获得包括"2021 中国汽车行业标杆数字化车间"和"2022 广西数字化车间"等多项荣誉。

（三）物流端：推行智能物流系统

截至 2022 年，除齿轮生产中转仓和成品仓外，福达股份的仓库物流智能化管理系统已全面上线，实现了动态库存管理和先进先出原则。数字化物流管理还涵盖辅料数字化领发管理，特别是在锻造公司试点。此外，AGV 无人物料输送系统的应用有效降低了人力成本，并提高了物料输送效率。这一智能化物流系统使数字化生产车间能够与仓储管理系统进行数据同步，并具备了风险数量提醒功能，促进了精细化库存管理。

（四）信息端：全面实施数字化管理

福达股份成功引入 SAP 等全球顶尖的企业资源计划（ERP）管理软件，全面覆盖财务、销售、采购、设备等业务模块。SAP 软件的应用整合了企业内部信息，优化了资源利用、业务运作、决策制定、库存和成本控制等方面。2018 年，公司全面启用了产品全生命周期管理系统（PLM 项目二期），该系统统一管理产品数据，提供协同创新工作平台和数据支持，提升了跨部门的协同工作效率，并建立了全面的客户需求管理体系。

（五）人才端：重视数字人才培养

福达股份重视数字化人才队伍的构建，一方面通过有竞争力的薪酬和购房补贴政策，社会招聘数字化专业人才；另一方面，通过与高校合作建立"研究生联合培养基地""人工智能产业学院"和"大数据产业学院"等，深化校企合作，拓展校园招聘渠道。公司还开发了人才库（招聘）系统，提高了人才识别和招聘效率。在公司的支持下，成功组建了专业的数字化团队，并聘请数字化转型专家和智慧型企业架构师作为高级顾问，进行培训指导。

第三节　福达股份数字化转型的实现路径

福达股份通过数字化转型，在战略层面牢牢把握数字化发展方向，结合自身实际情况推动企业管理变革；在生产层面运用数字化技术优化工作流程，降低生产成本；在物流层面借助智能系统实现动态库存管理，提高管理效率；在信息层面整合多种数据来源，运用智能分析手段为企业提供智能化决策支持；在人才层面构建专业的数字化人才团队，为企业数字化转型提供人才储备。这五个方面的协同作用为企业的高质量发展提供了有力支持。福达股份数字化转型推动高质量发展的内在机理如图 8-6 所示。

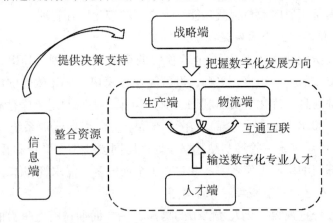

图 8-6　福达股份数字化转型推动高质量发展的内在机理

一、战略端把握机遇

（一）抓住国家政策支持，把握数字发展机遇

福达股份的产品虽同属于汽车及内燃机零部件行业，但各产品所属的细分行业存在差异。通过分析不同细分行业的竞争格局与发展趋势，福达股份发现各细分行业都在一定程度上鼓励数字化、智能化发展。比如在锻造行业，《中华人民共和国国民经济和社会发展第十四个五年规划和 2035 年远景目标纲要》指出要加强信息技术与制造技术的深入融合，促进制造业朝高端、智能、绿色等方向发展；《中国锻压行业"十三五"发展纲要》则提出新的行业发展方向，未来 5 年锻造行业应以自动化、信息化和数字

化为重点发展目标。在政府和行业主管部门的大力支持下，福达股份围绕国家战略制定了相应的数字化发展经营方针，从而充分把握制造业数字化转型的发展机遇。

（二）结合自身实际情况，明确数字转型方向

福达股份在把握数字化发展机遇的基础上，结合自身实际情况在企业价值链的关键节点开展具体数字化转型部署，进而驱动企业进行针对性的数字管理变革。作为汽车零部件生产厂商，生产端和物流端是企业从事生产经营的核心环节，生产端的高效运作直接决定企业的产能和产品质量，而物流端的优化和协调能力则直接影响到企业的供应链效率和客户满意度。因此，福达股份数字化转型首先瞄准生产和物流这两个端口。其次，面对动态的行业环境，信息的及时有效对企业经营决策至关重要，因此数字化转型的第二个重点在于信息端的数字化建设。此外，在物力得到保障的基础上，数字化人才的培养也是数字化转型道路上必不可少的支持力量。

（三）瞄准数字战略部署，完善数字基础建设

福达股份在明确数字化转型的战略部署后，围绕其制定的"数字化管理、高效率运行、高质量发展"经营方针开始稳步开展数字化基础设施建设工作。从2017年投入2.8亿元用于打造数字生产车间开始，福达股份持续加大数字化基础设施的投入，在数字化转型道路上稳步前行，逐步完善企业的数字化基础建设。通过6年的深入研究与应用，福达股份已经充分掌握物联网、人工智能、大数据等新兴技术，并结合这些技术开发出一系列数字化、智能化的业务系统，为企业搭建了良好的数字基础平台。

二、生产端降低成本

（一）实时掌握生产状况，有效提高生产效率

福达股份通过引入MES系统实现了生产车间的实时监控和管理，从而优化了生产工作流程，提高了生产效率。MES系统是一种以生产线为主要管理目标的制造执行系统，它能够在第一时间对生产车间制造过程中的实时事件进行响应和报告，并基于精准的数据分析提供解决方案。在福达股份的生产车间中，MES系统赋予生产管理人员实时掌控生产线运行数据的能力，使他们能够快速应对生产线异常状况，从而极大地减少生产线的停线时间。在该系统的加持下，福达股份的生产效率得到进一步提高，有效

降低了生产成本，从而增强了企业的市场竞争能力。

（二）标准规范质量管理，显著提升产品品质

福达股份数字化车间的一个显著特点是其高度规范的质量管理控制。借助质量控制系统（QCS）和在线化生产线管理的支持，福达股份能够实现从来料检验、过程检验到成品检验的全方位质量管控。数字化技术的应用使得不合格品信息能够自动进行统计分析，QCS 系统会根据质量异常的严重等级生成报告，并及时通知相关层级的人员。在数字化质量管理的帮助下，福达股份的质管人员能够快速发现质量问题并及时采取相关措施，产品的不良率被有效控制在 2 000 PPM 以内，产品质量的稳定性得到显著提升。产品品质得到保证后客户满意度也得到进一步提高，为企业带来了更多的业务机会。

（三）深化数字研究应用，稳步推进绿色生产

福达股份始终秉持"尊重自然，绿色发展"的环境理念。2022 年，公司推动能源管理平台的建设，增加网络数字化传输模块，以实现电表自身分时电量存储和网络数据传输云平台自动运算功能。通过这一云端能源管理平台，福达股份能够实时监控高压级峰平谷电量，优化峰平谷电量占比，有效提升谷段电量的使用。此外，该平台还设有自定义报表功能，使得各区域的电表分时查看成为可能。福达股份在推进能源管理平台建设的同时，也注重与 ISO14001 环境管理体系的有效结合。通过数字化平台的节能降耗措施，福达股份不仅降低了生产成本，获得了相应的经济效益，还实现了绿色生产，为社会带来相应的环境效益。

三、物流端提高效率

（一）优化出库入库流程，提高库存出入效率

在 WMS 系统的帮助下，福达股份的出库入库流程得到的进一步优化。在入库管理流程方面，WMS 系统通过扫描入库单和物料二维码来进行匹配，不仅保障了物料信息准确性，还加快了收货效率；同时，WMS 系统的一线人员检验扫描释放功能减少了入库单据的流转，提高了作业效率。在出库管理流程方面，库房管理人员可以利用出库管理功能进行波次处理（合并同类项）和自动配货，以优化出库流程。此外，WMS 系统的后台运作类似于一台记录仪器，能够准确定位和记录每个物料的物理位置。这不仅减少了出入库人员之间的沟通成本，还能快速锁定所需物资的位置，从

而提高库存出入库的效率。

（二）优化库存管理流程，提高仓储管理效率

无论是"直入直出"的快捷操作设计，还是库存盘点、生产线退库、物资查询的流程优化，WMS系统都有效提高了仓储管理效率。自福达股份WMS系统全面上线后，仓库中的每一笔记录都将接受实时数据监控，这意味着一旦出现库存信息误差，系统将立即发现并进行报警。系统对库内物资信息的自动全面采集大大减少了因人工失误出现的问题，仓储管理人员可以通过系统精确记录物资的生产日期和保质期等相关信息，库存物资信息的准确性得到有效保障。此外，一旦WMS系统上线，操作员的每一笔记录都可以随时调查，这不仅增强了他们的责任意识，还在一定程度上降低了管理成本，提高了仓储管理效率。

（三）全过程操作智能化，提高产业衔接效率

福达股份借助WMS系统的自动识别功能，实现了仓储管理全过程的智能化操作。该系统推动了产品供应链各环节信息的共享和融合，在有效提高仓储管理运行效率的同时也提升了产业链间的衔接效率。具体来看，在上游采购环节，管理人员可以通过系统实时获取相关信息，从而促进物资管理信息资源共享，为物资采购决策提供支持。在下游生产环节，标签信息的使用使得对库内物资在使用过程中出现的质量问题可以进行追溯和查询，从而实现整个生产和流通过程的质量控制。这种共享融合不仅可以提高供应链的可见性和透明度，还可以加强各环节之间的协同合作，为企业带来全新的仓储管理模式，推动产业链的高效衔接。

四、信息端整合资源

（一）整合各类数据来源，推动部门高效协同

福达股份通过实现各大数字化平台之间的互联互通，有效地整合了研发、采购、生产、物流、销售和服务等各个业务流程的信息，从而达到更高效的跨部门协同和资源优化利用。具体来说，研发团队能够与采购部门紧密协作，实时获取必要的材料和零部件信息，这大大加快了产品开发的速度。同时，生产部门能够根据实时的销售数据和市场需求动态，进行生产计划的精确调整，以提高生产效率和产品质量。此外，销售团队通过分析数字化平台上的客户反馈和市场趋势数据，能够制定更为有效的销售策略。而服务部门则利用这些平台提供更快捷、更个性化的售后服务，从而

增强客户满意度。通过全流程信息的整合，福达股份实现了业务流程的全面优化，显著提升了企业的整体竞争力和市场影响力。

（二）利用智能分析手段，提供数智决策支持

基于多个数字化管理平台的互联互通，福达股份能够实时地收集、整合和分析大规模数据。这使得公司能够深入理解市场趋势、客户需求和竞争环境，为企业决策提供了基于数据的精确支持。同时，福达股份的先进智能分析系统能迅速识别潜在的风险和机遇，并提出有效的应对策略，助力企业迅速适应市场的变化。在生产调度、供应链管理和销售预测等关键领域，公司的数字化应用提供了精确的数据支持和智能化的操作建议，极大地提高了运营效率并优化了成本结构。依托于大数据和智能分析的强大能力，福达股份的运营和决策过程变得更加高效和可靠，极大地增强了企业面对各种挑战时的灵活性和敏捷性，从而推动了持续创新和可持续发展的目标。

（三）加强数据合规管理，提高信息安全保障

在数字化转型的过程中，福达股份面临着管理大量敏感数据的挑战，包括客户信息、商业机密和知识产权等关键数据。为此，加强信息安全成为确保数据管理和利用的关键。一方面，公司建立了一套全面的数据管理规范和政策，这包括制定详细的数据管理流程，涵盖数据的收集、存储、传输、使用到销毁的各个环节。同时，公司配备了专业的数据管理团队，以确保数据处理的合规性和安全性。另一方面，福达股份采用多重安全措施，如数据加密技术、访问控制系统、网络安全措施和物理安全设施，以保障数据的安全。此外，公司还定期进行风险评估和漏洞扫描，以便及时识别和修补系统中的安全漏洞和薄弱环节。基于这些措施，福达股份构建了一个强大的安全防护体系，以此有效预防和应对内外部的潜在威胁。

五、人才端提供支持

（一）引进数字管理人才，领导企业数字转型

福达股份通过招募具备数字化转型领导能力的管理人才，在企业数字化转型的过程中扮演关键角色。这些人才不仅具有深厚的专业知识和技能，而且具备敏锐的市场洞察力和创新思维。在大数据和智能分析的支持下，他们能够准确把握行业动态和市场需求，为福达股份提供精确的数据分析和战略规划。这一过程不仅能够帮助公司在数字化时代稳固其市场地

位，而且推动了业务流程的优化。同时，这些数字化管理人才还致力于在组织内部推广数字文化，培育员工的数字技能和创新思维，激励全体员工积极参与到数字化转型中来。目前，福达股份的数字化管理团队已成为推动公司数字化转型的核心力量，为企业的持续高质量发展打下了坚实的基础。

（二）培养数字应用人才，提高业务工作效率

在企业数字化转型的过程中，数字化应用人才扮演着关键角色。他们不仅具备广泛而深入的技术应用知识，如熟练掌握各类数字化技术和工具，还能够将这些技术灵活地应用于多种业务场景。在决策层面，这些人才能够运用数据分析、人工智能、云计算等尖端技术，为管理层提供基于数据的决策支持。在运营层面，他们通过将数字化技术与具体业务需求相结合，有效地提升了福达股份的业务效率，优化了业务流程，并降低了运营成本，从而为企业创造了更高的价值。此外，这些专业人才还具备出色的沟通和团队协作能力，他们与传统业务团队的紧密合作不仅可以促进知识共享，还可以加强跨部门的协同作用，这对于推动企业的高质量发展至关重要。

（三）引进数字专业人才，搭建数字基础架构

福达股份正在积极构建一支既具备专业技术能力又拥有项目管理技巧的数字化人才队伍，并自主开发一套数字化基础架构。这一战略举措显著降低了公司对外部数字化技术服务的依赖，从而为企业带来了多方面的利益。首先，通过组建内部的数字化专业团队，福达股份在数字化领域的自主性和适应性得到增强。这使得公司能够更有效地掌握数字化技术的最新动态和趋势，减少对外部供应商的依赖。其次，内部人才的培养和利用有助于减少对第三方数字化服务的支出，从而有效降低运营成本。最后，通过加强自主开发和管理，福达股份能够更好地保护其核心技术和知识产权，避免潜在的技术泄露风险。

第四节　福达股份高质量发展的效果分析

在构建企业高质量发展评价指标体系的过程中，本章遵循客观性和全面性的原则。为了科学而全面地评估福达股份的高质量发展水平，本章参

考《企业高质量发展评价指标》的框架，选择了五个一级指标，即创新、协调、绿色、开放和共享。此外，根据这些维度，本章进一步细化12个二级指标，包括创新人才、创新资本、创新产出、品牌和财务发展协调、节能环保水平、污染排放水平、获得的绿色奖项、国内和国外的开放发展以及社会和员工共享。这些指标旨在全面反映企业在多个重要领域的发展水平和成就。

一、创新维度分析

（一）创新队伍扩大

如图8-7所示，自2017年福达股份启动数字化转型以来，公司研发团队的规模和比例稳步上升。到2022年，研发人员总数达到356人，相较于2017年增长了19.46%。同期，研发人员在总员工中的比例也从2017年的10.71%增加至2022年的15.13%，提升了近5个百分点。这一增长趋势表明，福达股份在进行数字化转型的过程中，重视并加强创新人才的引进和培养。

此外，福达股份还致力于优化研发团队的学历结构和年龄构成。当前，拥有本科及以上学历的研发人员数量持续增加，而40岁以下的年轻研究人员已占研发团队的60%以上。这些举措反映出福达股份在人才建设上的战略重视，公司通过引进高学历人才，积极构建了一个专业化且富有活力的研发团队，从而加强了其创新能力和市场竞争力。

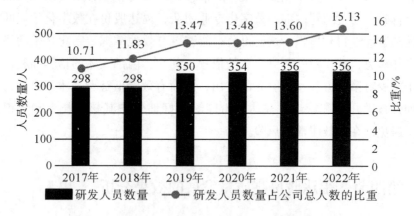

图8-7 福达股份2017—2022年研发人员数量及其占比

（二）创新资本增加

如图8-8所显示的数据，从2017—2022年，福达股份的研发投入占营业收入的比重从5.27%增加到6.93%，呈现出一个明显的上升趋势。特别是在2021年，公司的研发投入首次突破1亿元大关。尽管2022年受宏观经济因素影响其营业收入有所下降，但福达股份依然提高了研发经费的投入比例，这反映出公司对科技创新的高度重视。在产学研合作方面，福达股份始终将产品研发和技术创新作为其发展战略的核心。公司不仅加强了内部建设，还积极与桂林电子科技大学合作共建人工智能产业学院，共同开发智能制造能力评价体系和相关课程项目。这种合作不仅促进了人才培养与企业需求的紧密结合，还为福达股份在创新和高质量发展方面提供了强有力的支持。

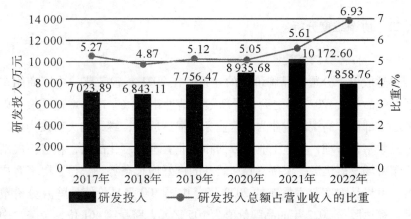

图8-8　福达股份2017—2022年研发投入及其占比

（三）创新产出不断

随着福达股份对创新的持续投资，公司的专利申请和授权数量稳步增长。如图8-9所示，在2021年，福达股份提交100项专利申请并获得了61项专利授权，其中包括45项发明专利，这一数字高于行业平均水平。2022年，尽管外部环境的影响导致专利数量略有下降，但福达股份仍然保持对创新驱动发展的重视。在这一年中，借助国家博士后科研工作站的研发平台，福达股份成功获得2项中国博士后科学基金的面上项目。同时，与桂林电子科技大学联合申报的2个广西重大专项——"高性能摩擦离合器关键技术研究与产品开发"和"车桥齿轮传动系统减振降噪关键技术研究及产业化"也顺利通过验收。这些研究成果成功转化为产品和产业，进一步证明福达股份在创新领域的实力和成效。

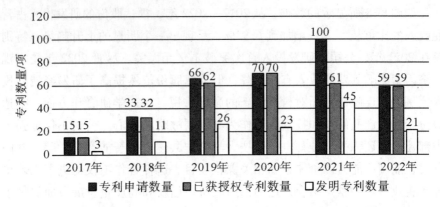

图 8-9　福达股份 2017—2022 年专利申请情况

二、协调维度分析

（一）品牌协调发展

福达股份十分重视品牌价值的建设，在 2021 年曾荣获"中国商用车后市场百强品牌"。2021 年之后，受新冠疫情冲击，汽车市场增速减缓，以汽车核心零部件和高端制造业为主营业务的福达股份，继续加大研发力度，深入推进数字化管理，实施工业大数据和企业管理数字化战略，积极拓展新能源汽车市场发展机遇，保持营收和效益的良好增长态势，获得了更多客户的认可。世界品牌实验室发布的 2022 年《中国 500 最具价值品牌》分析报告显示，福达股份 2022 年的品牌价值为 105 亿元，跻身第 461 位，荣登"中国 500 最具价值品牌"，做到品牌价值与企业经营发展的协调统一。

（二）财务指标共进

（1）偿债能力逐步提高

如图 8-10 和图 8-11 所示，就短期偿债能力而言，在过去 6 年中，福达股份的速动比率维持在 0.9~1.5，总体呈上升趋势且均高于行业平均水平。福达股份的负债以流动负债为主，唯一的非流动负债是预计非流动负债和长期递延收益，由于有足够的资金来偿还所有的流动负债，企业的短期偿债能力可以得到有效保障。在长期偿债能力方面，资产负债率呈现下降趋势，连续 6 年低于行业平均值，在 2022 年仅为 26.62%。资产负债率低说明企业资产占比较高，长期的债务风险相对较低，因此福达股份面临的企业经营风险在行业中处于较低水平，这使得企业更有可能承受来自市场的冲击。

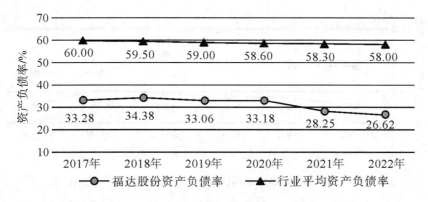

图 8-10 2017—2022 年福达股份资产负债率与行业对比

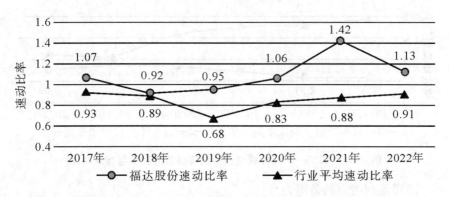

图 8-11 2017—2022 年福达股份速动比率与行业对比

（2）营运能力指标向好

从图 8-12 和图 8-13 来看，随着福达股份数字化管理的推进，近 6 年来的营运能力指标总体呈上升趋势。虽然总资产周转率与应收账款周转率一直处于行业平均水平之下，但当行业整体水平不断下降时，福达股份总资产周转率由 0.29 提高到 0.32，应收账款周转率从 2017 年的 2.3 提高到 2022 年的 3.09，两项指标呈总体上升态势，逐步缩小了与行业平均值的差距。具体来看，总资产周转率指标的上升说明企业的管理水平得到进一步加强，应收账款回款期限的缩短说明企业应收账款的质量在逐步提高，企业运营能力总体向好。

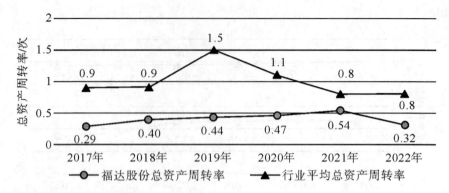

图 8-12　2017—2022 年福达股份总资产周转率与行业对比

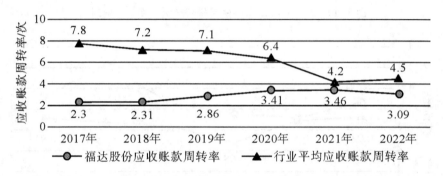

图 8-13　2017—2022 年福达股份应收账款周转率与行业对比

（3）盈利能力具备潜力

如图 8-14、图 8-15 所示，2017—2021 年，福达股份的净资产收益率与销售净利率稳步上升，从行业平均值的下端逐渐增长至行业平均水平以上。2022 年福达股份的销售净利率为 5.8%，虽下滑严重但仍高于行业平均水平，2022 年业绩下滑的主要原因是商用车的产销量下降，特别是重型卡车的产销量大幅下降。针对这一重大冲击，福达股份也在不断调整经营方向，福达股份 2023 年一季度财务报告显示，2023 年一季度出现业绩回暖，销售净利率达到 9.68%。此外，考虑到研发投入对企业经济效益的滞后性，未来福达股份盈利能力仍具备较大潜力。

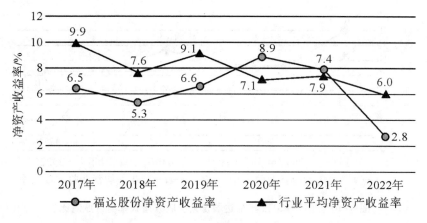

图 8-14　2017—2022 年福达股份净资产收益率与行业对比

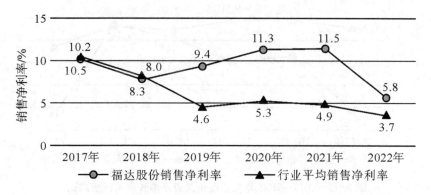

图 8-15　2017—2022 年福达股份销售净利率与行业对比

（4）发展能力稳中求进

如图 8-16 和图 8-17 所示，2017—2022 年福达股份的营业收入增长率总体向上增长，到 2021 年开始呈下降趋势，这是由于 2020 年企业商用车与非道路机械业务开发持续增长，市场份额提升，产品结构优化，而 2022 年受"国五"高库存、"国六"排放标准升级、"蓝牌轻卡"新政等宏观因素影响，其销量不佳。从总资产增长率的角度来看，在 2022 年遭遇冲击以前，福达股份的总资产从 2017—2021 年一直在稳步上升，说明企业在数字化转型期间稳步扩大业务规模。

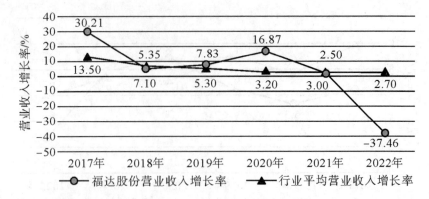

图 8-16 2017—2022 年福达股份营业收入增长率与行业对比

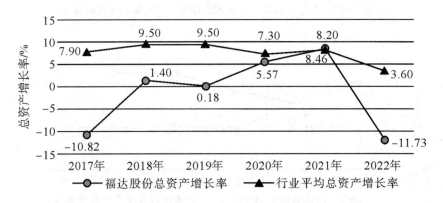

图 8-17 2017—2022 年福达股份总资产增长率与行业对比

三、绿色维度分析

（一）合规达标排放

2021 年，福达股份通过 ISO50001：2018 能源管理体系认证，有效提高了能源利用率，减少了运营全过程对环境的影响，在实现经济、能源、环境、气候的可持续发展上更进一步。福达股份围绕"遵守环保法规，承担环境社会责任"的 ISO14001 环境管理体系方针，遵循 PDCA 管理模式推进废水、废气和噪声等合规性监测。如图 8-18 所示，在福达股份致力于环境保护和可持续发展的背景下，2019—2021 年连续 3 年其废水和废气排放在检验结果中显示均符合国家排放标准要求，这充分展示了公司在环境保护方面的出色表现。

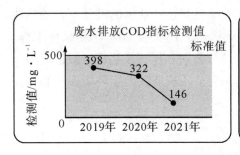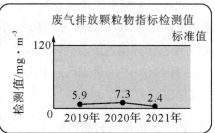

图 8-18　2019—2021 年废水、废气排放情况

（二）环保节能增效

福达股份一直以"减量化、再利用、资源化"为原则，以降低能源消耗、提高能源利用效率为目标，积极履行产品、社会、环境责任，注重绿色发展，构建循环经济。福达股份通过对资源与能源的科学利用与管理，打造节约型、环境友好型企业，不断落实新技术、新工艺、新材料、新设备的推广与应用，有效促进能耗的持续降低，为公司节约生产成本。福达集团社会责任报告显示，其能源消耗量逐年下降，2021 年福达股份推广节能技术改造创新项目 20 余项，实现用水量单耗同比 2020 年下降约 1.7%，用电量单耗同比 2020 年下降约 6.0%，在节能增效方面取得了不错的成绩（见表 8-2）。

表 8-2　2019—2021 年福达股份能源节约情况

指标		2019 年	2020 年	2021 年
	节能技术改造创新项目	20 余项	20 余项	20 余项
	用水量单耗同比下降	10%	22%	1.7%
	用电量单耗同比下降	2%	3%	6%

（三）荣获权威奖项

福达股份一直以来坚持推进绿色生产，以实际行动践行企业社会责任，致力于实现绿色、健康可持续发展。公司注重能源综合利用，依托科技创新，着力推进机器换人、两化融合，借助数字化手段，积极打造了一条高效环保的绿色智造产业链。在这条绿色智造产业链的推动下，福达股份不仅在生产环节采取了相应的环保措施，还积极对外开展绿色工作。2019年，桂林福达股份有限公司离合器分公司和桂林福达重工锻造有限公司获得国家级"绿色工厂"称号，这是对公司长期致力于环境保护和可持续发展的认可和肯定。

四、开放维度分析

（一）国内均衡发展

如图8-19和图8-20所示，根据福达股份的财务报告，公司的业务已广泛分布于全国多个地区，且超过95%的国内主营业务收入来源于省外。2017年，公司大部分业务收入来自华南地区。然而，经过5年的发展，福达股份的销售重心已从华南地区逐渐扩展到其他地区。到2022年，公司的主要销售市场已包括华南、华中和西北三大地区，形成更为均衡的销售网络。这一变化表明，在数字化转型后，福达股份的市场影响力不断增强，市场开放取得显著成效。随着国内市场开放度的提高，公司能够更好地应对地区市场的波动和风险，同时利用不同地区的市场机会来提高其市场份额和竞争力。

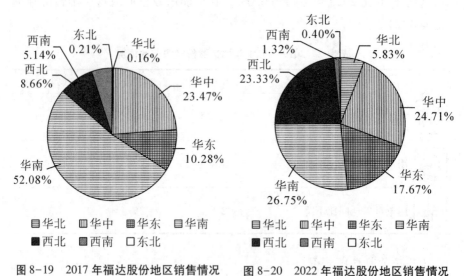

图8-19 2017年福达股份地区销售情况   图8-20 2022年福达股份地区销售情况

（二）国外稳步扩张

如图8-21所示，2017—2022年，福达股份在国外市场的销售额虽有波动，但整体呈现出增长趋势。值得注意的是，尽管 2022 年公司的营业收入同比下降了 37.47%，但福达股份在国外市场仍实现了 5 871.02 万元的销售额，比上一年增长了 69.32%。此外，国外市场收入占比也增至 5.63%，是前一年的 2 倍。这些数据凸显福达股份在国际市场上影响力的增强，以及在全球竞争环境中的竞争力和吸引力的提升。随着国际市场逐步开放，福达股份面临着更多全球化发展的机遇。公司若采取有效的战略措施，不仅有望进一步提升市场份额，还能增加利润，从而推动企业实现长期可持续发展。

图 8-21　2017—2022 年福达股份国外市场销售情况

五、共享维度分析

（一）社会共享收获

福达股份坚持"共赢共享创幸福，责任担当促发展"的经营理念，将公司发展与社会进步紧密相连。公司不仅致力于商业活动，还积极参与公益慈善、志愿服务和乡村振兴等社会责任活动。通过这些实际行动，福达股份展现了其对社会责任的承诺，致力于实现公司、员工和社会的和谐共生。在财税方面，公司每年的纳税额达到百万元级别，展现了其作为企业公民的责任感。在乡村振兴和扶贫工作方面，2022 年公司在相关项目上的总投资达到 1 182.72 万元。此外，公司还积极吸纳农民工就业，仅 2022 年就为农村劳动力提供了 251 个就业岗位，并支付了 1 100 多万元的工资和福利。表 8-3 详细展示了福达股份 2022 年在社会公益方面的具体活动和贡献。

表 8-3 2022 年福达股份社会公益参与情况

扶贫及乡村振兴项目	数量/内容	情况说明
总投入	1 182.72 万元	—
资金	1 105.00 万元	①为农村劳动力提供岗位 251 个,提供工资福利等收入 1 100 余万元 ②帮扶困难员工,发放共同富裕基金 50 000 元
物资折款	77.72 万元	食堂用米油和员工节日福利统一到临桂区乡村振兴农产品直销示范点采购,全年共计 777 230 元
惠及人数	3 000 人	惠及员工 2 500 人,惠及农户约 500 人
帮扶形式	产业扶贫、就业扶贫、教育扶贫	为农村劳动力提供岗位、发放共同富裕基金、向桂林市临桂区城区第三小学捐赠教学设施等

(二) 员工共享成果

福达股份不仅致力于公司的持续发展,而且重视与员工共享发展的成果。公司承诺实施平等的雇佣策略,并致力于创造一个基于"公平和正义"的工作环境。在招聘和员工晋升过程中,福达股份坚持公平无歧视的原则。特别是在薪酬、调薪和福利待遇方面,公司实行男女同工同酬政策。截至 2021 年 12 月 31 日,公司的管理团队中,女性占比达到 29.77%。为了更好地维护员工权益,公司不断完善职工代表大会机制。此外,为了激励员工的持续成长和终身学习,公司开展多层次、多渠道、多样式的培训项目。福达股份还注重员工福祉,持续推行"工作好、生活好、身体好"的员工关怀计划。2022 年,公司通过共同富裕基金向 10 多名困难员工发放了共计 5 万元的援助,体现了公司对员工的关心和支持。

第五节 本章小结

本章的研究目标是以福达股份数字化转型为案例,深入探讨数字化转型如何赋能企业实现高质量发展的内在机制。通过实证检验数字化转型对企业高质量发展的创新效应、经济效益效应和绿色低碳效应,得出以下研究结论与启示:

（一）结论

首先，研究发现数字化转型有助于提升福达股份的创新能力，从而推动企业的高质量发展。具体来看，自从福达股份进行数字化转型后，企业创新投入逐步增加，创新产出也呈上升趋势。数字化转型降低了企业的边际创新成本，有效提升了创新回报。福达股份通过信息端的高效整合为研发部门提供实时信息支撑，既缩短了研发周期，又保障了研发有效性。此外，PLM 系统的应用为企业协同创新提供了良好的工作平台及数据支撑，提升了跨公司、跨部门间的协同工作效率，建立了端到端的客户结构化需求管理。这种创新能力的提升帮助企业进一步提高了生产效率，获得了持续竞争优势，从而推动企业高质量发展。

其次，研究发现数字化转型有助于提高福达股份的财务绩效，从而支撑企业高质量发展。具体来看，自从福达股份进行数字化转型后，企业的偿债能力、盈利能力、营运能力都得到一定程度的增强。与同行业平均水平对比，福达股份财务绩效整体上优于行业平均水平，企业核心竞争力逐渐增强。这些成果得益于福达股份数字化转型策略。第一，福达股份通过打造数字车间，利用最新的数字技术实现生产环节的数字化转型，提高了企业的生产效率，并在增加产量的同时节约了人力成本。第二，福达股份通过线上物流系统，有效优化了企业库存管理效率，大大节约了闲置成本和管理成本。第三，福达股份通过信息化系统进行数字化协同，提高了企业根据市场情况调整策略的灵活性。

最后，研究发现数字化转型有助于提升福达股份在 ESG（环境、社会和公司治理）方面的表现，从而促进企业高质量发展。具体来看，自从福达股份进行数字化转型后，在社会责任和绿色发展等方面的表现都有所提升。在社会责任层面，数字化转型有效提高了企业的财务绩效，增强了企业履行社会使命的意愿。同时，数字化策略也在一定程度上减少了利益相关者之间存在的信息不对称问题，增加了企业外部监督压力，进一步推动企业主动承担社会责任。此外，高质量发展不仅要求经济层面的增长，还要求实现绿色可持续发展。福达股份在绿色发展方面的表现表明数字化转型可以推动企业绿色可持续发展。在履行社会责任和实现绿色发展的双重加持下，企业的高质量发展得到保障。

（二）启示

数字化转型赋能企业高质量发展是一项复杂的系统工程。在当今快速变化的商业环境中，企业需要敏锐地识别市场需求的转变，并及时调整自身策略以应对这些变化。因此，积极开启战略布局成为至关重要的一步。通过合理规划和确定目标，企业可以抓住机遇，在数字化转型中获得竞争优势。结合上述结论，我们总结出数字化转型驱动企业高质量发展的以下几点启示：

第一，企业要重视数字化转型对高质量发展的驱动作用，强化数字化设施建设。首先，企业应积极利用数字技术实现数字化协同，以加强供应链和资产管理，提高资产利用率的同时改善存货周转情况。其次，企业应重视创新对于企业可持续发展的重要程度，加大研发投入，建设研发团队，从而生产出更具竞争力的产品。再次，企业还应积极利用数字技术提高研发效率。通过建立科技信息管理平台，让研发人员能够在统一的线上平台共享设计，从而提高企业的研发效率。最后，智能制造是制造业企业数字化转型的核心，企业应积极建设数字工厂，利用数字化技术优化生产决策，提高企业的生产效率，降低生产成本（肖旭 等，2019；肖静华，2020）。

第二，企业在数字化转型过程中需要明确自身定位，选择适合的转型战略。根据美国 PTC 公司在 2021 年公布的工业数字化转型报告，研究发现在新冠疫情的影响下，越来越多企业加大了数字化转型方面的资金投入，然而由于各种因素，这些转型项目经常遭遇失败（Matt et al.，2015），其中最主要的原因是企业自身定位不清晰。因此，为了确保数字化转型的成功，企业需要首先明确自身特点，以互联网、物联网技术手段等作为底层支持，确保商品使用数据、用户数据和供应链数据等信息的畅通，同时将这些数据信息完整地融入产品的优化设计、生产制造和质量管控等业务流程中。此外，企业还应制定合适的数字化转型策略，以实现相应的生产方式、商业模式和组织结构的变革，从而推动制造业的转型升级（陈冬梅 等，2020）。

第三，政府要加强数字化转型工作的相关政策引导，为企业转型提供支持。在政府积极推动引导的同时，制造业企业自身要探究高质量创新发展的理念与方法，重构基础创新能力，培育强化企业软实力（黄毅敏，2022）。因此，要做好以下三个方面的工作：首先，政府应加强对数字化转型的政策引导。政府应根据地区发展现状制定并实施符合当地数字化转型与高质量发展需要的政策，并积极建设信息平台，加大对企业的外部监督力度，从而引导企业迈入高质量发展阶段。其次，政府应加大数字化人才的培养力度。一方面，政府可以出台人才引进政策，通过住房补贴和现金奖励等方式来吸引专业数字化人才，为企业数字化转型提供人才支持。另一方面，政府可以积极与当地高校展开合作，加强数字化人才的培养工作，推动企业的高质量发展。最后，政府可以建设数字化转型的示范标杆。政府应建设智能制造的试点项目，帮助其他企业了解数字化转型的优势、明晰数字化转型的路径。

第九章 数字经济赋能制造业高质量发展的政策选择

借助当前日益发展的信息技术和数字化创新驱动模式，能够满足企业对数字化和智能化发展的需求，推动企业制度的革新，实现产品和服务的数字化，从而摆脱传统技术带来的制约和转型困境。因此，本书主要探讨数字经济如何赋能制造业实现高质量发展的理论机制，以及数字化转型如何推动企业高质量发展等理论问题。本章提出了五个方面的政策建议，同时探索了数字化提升的路径和数字化应用的支撑体系，以期找到实现制造业高质量发展的有效路径，为新时期经济高质量发展提供总体思路。

第一节 推动数字中国建设，打造制造业发展新引擎

强调推进数字中国建设的重要性，这不仅是对国家数字化战略的积极响应，更是为了构建制造业发展的新动力源泉。在当今信息技术迅猛发展的时代背景下，数字化已深入渗透至各行各业，尤其在现代制造业中扮演着关键角色。数字化转型不仅代表着技术层面的升级，更是一场全面的产业革命。中国独特的地理优势、资源禀赋和坚实的产业基础，为数字化建设提供了良好的条件。推进数字化建设不仅能为中国制造业带来前所未有的发展机遇，还能为社会经济发展注入新的活力。

首先，推动数字中国建设是中国经济发展的关键战略。随着科技的快速进步，数字经济已成为全球经济增长的新动力。在这一背景下，中国政府提出了"数字中国"建设的战略目标，旨在通过数字化、网络化和智能化手段，实现经济社会发展方式的根本性转型。数字中国建设不仅将提升国家的信息化水平和公共服务效率，还将为制造业等传统产业注入新活

力，推动其向高质量发展转型。

其次，作为实现高质量发展的关键，打造制造业的新发展引擎至关重要。制造业是国家经济的基石，也是国家综合竞争力的重要标志。面对全球经济一体化和科技快速发展的挑战，中国制造业需要解决一系列问题，如产业结构的不合理和创新能力的不足。数字经济的兴起为中国提供了新的发展机遇，运用数字技术可以提高制造业的生产效率，优化产业结构，增强创新能力和竞争力。

最后，推动数字中国建设和打造制造业的新发展引擎是实现高质量发展的重要途径。数字中国的建设可以促进数字技术在制造业中的广泛应用，例如，利用大数据和云计算等技术提高生产效率，优化产品设计和生产流程，提升产品质量和服务水平，以及通过企业网络与营销动态能力的匹配来驱动商业模式创新（李文，2023）。同时，数字技术还有助于实现制造业的智能化和绿色化，推动其可持续发展。因此，推动数字中国建设和打造制造业的新发展引擎，是实现制造业高质量发展的关键路径。

第二节　提升技术创新能力，塑造制造业发展新优势

创新是推动发展的核心动力，特别是在应对发展环境变化、增强发展动力、把握发展主动权以及引领新常态方面十分重要。在数字经济时代，加强基础研究和提升科技创新能力成为推动数字经济发展的关键途径，同时也是实现经济高质量发展的重要支柱。增强科技创新能力能够促进数字化基础设施的创新，加速产业数字化进程，为数字经济发展提供坚实的产业基础。为了确保科技创新能够为经济高质量发展提供技术支撑，需要在关键技术突破、平台建设加强、新产品研发等方面取得进展，以此推动数字经济发展中的动力变革、质量变革和效率变革。

首先，理解技术创新在制造业中的重要性至关重要。技术创新是推动制造业发展的关键因素，它能够提高生产效率、降低生产成本、提升产品质量，从而增强企业的市场竞争力。在数字经济时代，技术创新的重要性更加凸显。例如，大数据、云计算、人工智能等数字技术为制造业提供了全新的生产方式和商业模式，使得制造业能够实现个性化定制、智能化生产和服务化运营，极大提升了生产效率和产品质量。因此，提升技术创新

能力，对于制造业来说，不仅是提升竞争力的必要条件，也是适应数字经济发展的关键选择。

其次，通过提升技术创新能力来塑造制造业的新优势。企业需要建立以技术创新为核心的企业文化，鼓励员工进行技术创新，并为此提供充足的资源和支持。同时，企业应与科研机构和高校深度合作，引入外部的技术创新资源，提升自身的技术创新能力。此外，企业还应利用数字技术，如大数据和云计算，对生产过程进行深度数字化，实现智能化生产，从而提升生产效率和产品质量。通过这些措施，企业可以提升自身的技术创新能力，从而塑造制造业的新优势。

最后，提升技术创新能力对制造业高质量发展的影响显著。提升技术创新能力可以使制造业在生产效率、产品质量、服务水平等方面实现显著提升，从而达到高质量的发展。同时，技术创新还可以帮助制造业开发新产品和新服务，满足消费者的个性化需求，提升消费者的满意度，增强企业的市场竞争力。此外，技术创新还有助于实现制造业的绿色生产，减少对环境的影响，实现可持续发展。因此，提升技术创新能力对于制造业高质量发展具有重要的推动作用。

第三节　提高资源配置效率，探索制造业发展新路径

随着数字经济的崛起，制造业资源配置正在经历深刻的变革。数字技术赋能使得传统的实体销售模式发生转变，催生出线下体验与线上销售一体化的新模式。这种模式通过在线下设立体验店来收集客户的潜在需求信息，利用数字技术对大量数据和资源进行优化整合。同时，通过实时追踪客户需求的变化，深入挖掘潜在市场，制定更精准的营销策略。利用线上销售平台，企业能够提供个性化产品，引导消费升级，从而推动制造业向高质量发展转型。这种融合线下体验和线上便利销售的新模式，不仅为消费者提供了更优质的购物体验，也为制造业开辟了更广阔的发展空间，创造了质量提升的可能。

首先，认识到资源配置效率在制造业中的重要性至关重要。资源配置效率是衡量一个经济体运行效率的关键指标，它直接关系到制造业的生产

效率和产品质量。在数字经济时代，企业可以通过大数据、云计算、人工智能等技术实现精准的需求预测、智能的生产调度和灵活的供应链管理，从而显著提高资源配置效率。因此，提高资源配置效率不仅是提升制造业竞争力的必要条件，也是适应数字经济发展的关键选择。

其次，通过提高资源配置效率来探索制造业的新发展路径。企业需要利用数字技术深化生产过程的数字化，实现智能化生产，提升生产效率和产品质量。同时，企业应建立灵活的供应链管理系统，通过精准的需求预测和智能的生产调度，实现资源的高效配置。此外，企业还应与科研机构和高校深度合作，引入外部的技术创新资源，提升自身的技术创新能力。这些措施将有助于企业提高资源配置效率，从而为制造业开辟新的发展路径。

最后，优化资源配置效率对于制造业实现高质量发展至关重要。通过提升资源配置的效率，制造业能够显著提高生产效率、改善产品质量、提升服务水平，这些都是推动制造业向高质量阶段迈进的关键因素。此外，高效的资源配置能力使制造业能够快速响应市场变化，开发创新的产品和服务，以满足消费者日益增长的个性化需求，进而提高消费者的满意度。同时，这种效率的提升还有助于制造业采用环保的生产方式，从而减少对环境的负面影响，促进企业的可持续发展。

第四节　推动产业结构优化，促进制造业发展新动力

在当前经济发展的背景下，推动产业结构优化并促进制造业发展新动力成为一项重要任务。产业结构优化是经济发展的必然趋势，对于增强制造业竞争力和创新能力起着至关重要的作用。在数字经济时代，利用大数据、云计算、人工智能等先进技术，企业能够实现更精准需求预测、更智能生产调度和更灵活供应链管理，从而显著提高资源配置效率并推动产业结构优化。

首先，强调产业结构优化在制造业中的重要性。产业结构优化不仅是经济发展的必然趋势，而且对于提升制造业竞争力和创新能力具有显著的推动作用。在数字经济时代，通过运用大数据、云计算、人工智能等技

术，企业能够提高资源配置效率，从而推动产业结构优化。

其次，激发制造业的新增长动力，产业结构的优化是关键。第一，企业应采纳数字技术，例如大数据和云计算，以深化生产流程的数字化，实现智能化生产，进而提高生产效率和产品质量。第二，企业应构建灵活的供应链管理体系，通过精确的需求预测和智能化的生产调度，优化资源配置。第三，企业应与科研机构和高等教育机构建立紧密的合作关系，以获取外部技术创新资源，从而增强自身的技术创新实力。这些措施共同作用于产业结构的优化，为制造业注入新的活力。

最后，产业结构优化可以推动制造业高质量发展，它通过促进资源向更具创新潜力和市场前景的领域集中，激发整个行业的创新活力。制造业企业通过升级技术和改进管理，加强对市场动态的响应能力，加速新产品的研发和市场渗透。产业结构优化还可以强化企业间的协同效应，它通过建立更加紧密的供应链和合作伙伴关系，提高整个产业链的运作效率。此外，优化后的产业结构更加注重可持续发展，鼓励企业采用环保材料和清洁生产技术，从而减少对环境的负担，同时也为制造业赢得更多的社会认可和支持。

第五节　加强数字领域监督，培育数字社会的新风尚

在当前数字经济发展的背景下，中国正面临加速数字化转型、构建智能化政府、强化数字化管理创新、提升决策的科学性、加快数字领域立法以及优化数字治理生态环境等关键任务。这些任务不仅对中国数字经济的迅速发展至关重要，也对中国制造业的高质量发展具有深远影响。信息技术如大数据、互联网和人工智能的快速发展，为政府提供赋能，增强态势感知、科学决策和风险防范的能力。这有助于打造"有为政府"，推进国家治理体系和治理能力的现代化，促进经济社会的全面协调可持续发展。为了给高质量发展提供配套的政策支持体系，数字治理需要在以下几个方面发力：

首先，强调"加强数字领域监督"的重要性。随着数字经济的快速发展，数据已成为新的生产要素，对经济社会发展起着关键作用。然而，数

据安全和隐私保护等问题也随之浮现。这些问题不仅威胁到个人权益，也可能影响社会稳定和国家安全。因此，加强数字领域的监督并建立完善的数据管理和保护制度，是确保数字经济健康发展的关键。

其次，探讨如何"培育数字社会的新风尚"。在数字社会中，信息技术的广泛应用已经深刻改变了人们的生活、工作和学习方式。因此，我们需要培养适应数字社会发展的新社会风尚。这包括提升公众的数字素养，使他们能够有效利用数字技术，提高生活和工作效率；弘扬诚实守信、公平公正的网络行为，维护良好的网络环境；鼓励公众积极参与数字创新，推动数字经济的发展。

最后，探讨"加强数字领域监督，培育数字社会的新风尚"如何赋能制造业高质量发展。第一，加强数字领域的监督，可以确保数据的安全和有效利用，为制造业提供可靠的数据支持，推动制造业的智能化、网络化、服务化发展。第二，培育数字社会的新风尚，可以提高公众的数字素养，为制造业提供丰富的人才资源，推动制造业的创新发展。第三，培育数字社会的新风尚也可以引导公众对制造业产品的需求，推动制造业向高端、个性化、绿色化方向发展。

第六节　本章小结

在"十四五"时期以及更长时期内，中国经济社会发展的主题是制造业高质量发展，这对于中国社会主义现代化建设具有全局性的影响。为了实现制造业高质量发展，需要基于新发展格局，以提升供给体系质量和全要素生产率为起点，推动数字中国建设，从而为制造业发展注入新的动力。

首先，需要提升技术创新能力，以塑造制造业发展的新优势。技术创新是推动制造业高质量发展的关键，只有不断进行技术创新，才能保持制造业的竞争优势，满足市场的需求。

其次，需要提高资源配置效率，以探索制造业发展的新路径。有效的资源配置可以提高制造业的生产效率，降低生产成本，从而提高制造业的竞争力。

再次，需要推动产业结构优化，以促进制造业发展的新动力。优化产业结构，可以使得制造业更加专业化、集约化，从而提高制造业的生产效率和产品质量。

最后，需要加强数字领域的监督，以培育数字社会的新风尚。加强数字领域的监督，可以保障数据的安全和有效利用，为制造业提供可靠的数据支持。同时，培育数字社会的新风尚，可以提高公众的数字素养，为制造业提供丰富的人才资源。

总的来说，提升技术创新能力、提高资源配置效率、推动产业结构优化以及加强数字领域监督等措施，可以推动制造业的高质量发展，为中国经济社会发展注入新的动力。

第十章　研究结论、局限与展望

随着数字化时代的兴起，全球政府和学术界对数字经济的发展高度关注。为了探索经济增长中新的推动力量，对数字经济的当前状态进行全面审视变得至关重要，同时也需要评估其对制造业高质量发展的具体影响。本书以广西的数字经济和制造业发展为案例，细致地分析了数字经济如何促进制造业的高质量发展，包括其作用机制、发展路径和相关政策建议，旨在支持广西数字经济的持续健康发展，并促进其与制造业的协同进步。未来的研究我们将更深入地分析数字经济对广西经济发展的多层次影响，揭示新出现的问题和现象，从而为广西的经济和社会发展提供更加具体和有益的政策指导。

第一节　研究结论

在数字经济的快速发展与制造业追求高质量增长的双重背景下，本书采用结合理论演绎和实证检验的方法来探索广西数字经济与制造业高质量发展之间的相互关系。首先，本书深入分析了广西制造业高质量发展在践行新发展理念（创新、协调、绿色、开放、共享）方面的情况，并探究了数字经济在这些领域内对制造业高质量发展的推动作用。具体而言，本书的研究重点放在数字经济对创新能力的提升、资源优化配置、产业结构升级、高效节能及经济效益提升等方面的影响。其次，本书构建了一个多维综合评价指标体系，以捕捉数字经济和制造业高质量发展的关键特征和理论内涵。通过分析广西数字经济和制造业高质量发展的时间序列和空间分布，本书揭示了两者的动态变化趋势及其耦合协调关系。最后，本书运用面板固定效应模型和中介效应模型，实证检验了数字经济对广西制造业高质量发展的直接影响及其作用机制。基于所得实证结果，本书得出以下结论：

第一，近年来广西在数字经济和制造业领域已取得初步进展，但同时也遭遇了一些挑战。在多种作用因素的驱动下，广西制造业数字化转型正在逐步显现成效。具体来说，广西的数字经济整体呈现稳健增长趋势，且区域间的发展差距正逐渐缩小，这表明广西在数字经济发展方面正逐步向平衡和均衡发展迈进。另外，广西大型制造业企业正积极采用先进的数字技术，以提升生产效率、降低运营成本并增强产品质量，显示出数字化转型正成为推动制造业发展的关键动力。同时，广西数字基础设施建设正在加速，数据驱动潜力逐渐显现，为制造业数字化转型提供了强有力的技术支持和基础设施保障。政府政策引导和支持也对广西制造业数字化转型起到至关重要的作用，一系列旨在鼓励数字化转型的政策和措施为这一转型过程提供了必要的支持和保障，为广西制造业的数字化转型提供了坚实的政策基础。

第二，尽管广西数字经济和制造业整体发展水平较低，但这两个领域仍存在显著发展潜力。本书采集 2011—2021 年广西 14 个地级市的数据，并在参考前人研究的基础上，建立了数字经济和制造业高质量发展的评估指标体系。研究结果表明，这两个领域的发展呈现出持续上升趋势，其中数字经济的增长速度较快，而制造业的高质量发展增长速度相对较缓，整体呈现出以核心城市为强、周边地区为弱的发展格局。广西数字经济与制造业的耦合协调性也呈上升趋势，但总体水平仍然有待提高，表明两者间的相互协调与整合仍处于逐步优化阶段。

在地区层面上，广西数字经济和制造业发展呈现出显著的区域差异。从空间分布来看，广西经济区域可划分为北部湾经济区、西江经济带和左右江革命老区，这些区域在数字经济和制造业耦合协调程度上存在差异。其中，北部湾经济区的协调程度最高，其次是西江经济带，而左右江革命老区则相对较低。在城市层面上，南宁、柳州和桂林为主要发展中心，北海、钦州和防城港则紧随其后。这些城市充分利用其沿海港口优势，推进数字化港口建设，并依托数字经济的发展助力制造业实现高质量发展。

第三，数字经济对广西制造业的高质量发展产生显著的赋能效应。这种效应主要通过两个中介变量实现：科技投入提升和产业结构升级。这些中介变量不仅直接促进制造业的高质量发展，而且间接地为其提供动力。本书对广西 14 个地级市 2011—2021 年的相关数据进行实证分析，以探究数字经济对制造业高质量发展的具体影响效应和传导机制。

研究结果显示，数字经济在广西产业发展的关键时期，即"十四五"规划阶段，已成为推动制造业高质量发展的重要驱动力。在此过程中，提高质量和效率、实现产业升级成为关键措施。传统产业通过突破技术瓶颈和释放发展潜力，成为推动经济增长的关键因素。同时，数字技术作为创新要素的代表，在产生新动能和形成新业态方面起到核心作用，从而对制造业高质量发展产生积极影响。

　　此外，数字经济的作用不仅限于直接赋能，它还通过加强科技投入来推动制造业的高质量发展。在数字经济创新中，科学研究是其基础，因为创新是数字经济的核心。产业结构的升级在推动制造业高质量发展中也扮演着关键角色。随着数字经济的发展，其对经济增长的贡献日益增加，并在调整产业结构、促进产业升级方面发挥重要作用。实证研究结果进一步证实，数字经济通过促进产业结构的升级为制造业的高质量发展提供强有力的赋能。快速发展的数字技术不仅为制造业带来了新的机遇和挑战，而且为其实现高质量、高附加值和可持续发展提供了关键支持。

　　第四，在探究微观层面企业如何通过数字化转型实现高质量发展的研究中，本书指出数字经济时代已经重塑传统的商业模式，为传统制造业企业带来新的挑战。为了在这一变革中获得持续的竞争优势，企业需要进行深入的数字化转型。本书选择柳工股份作为一个探索性单案例，通过分析其数字化转型的动因、过程、路径以及效果，并从经营能力及"创新、协调、绿色、开放、共享"的角度评估柳工股份的高质量发展水平。研究发现，柳工股份在制造、运营和营销各环节的数字化转型方面取得了显著成效，优化了企业的价值活动，从而有效地助力企业实现了高质量发展。本书为制造业企业数字化转型促进高质量发展的研究贡献了新的见解，并为广西地区制造业企业的数字化转型提供了实践经验。

　　此外，本书还将广西著名汽车零部件制造企业福达股份纳入纵向案例研究对象。自 2017 年起，福达股份开始进行数字化转型，当前已在研发、采购、生产、销售和售后等全价值链环节实现数字化管理。这一转型不仅帮助企业降低了成本、提高了效率，还实现了创新、协调、绿色、开放和共享的高质量发展目标。本书深入分析福达股份数字化转型对其高质量发展的影响机制，旨在为其他企业提供数字化转型的参考和借鉴。

第二节　研究局限

本书重点关注"广西数字经济与制造业高质量发展的现状"以及"数字经济如何影响广西制造业高质量发展的路径"等关键问题，旨在融合理论分析与实践调查，构建一个系统且完整的研究框架。然而，由于认知限制和数据资源的约束，本书在以下三个方面遇到一定挑战：

（1）数据全面性的限制

由于数据获取的限制，本书构建的广西数字经济发展和制造业高质量发展的指标体系可能未能全面覆盖这两个领域的全部实际情况。

（2）实证分析的局限性

尽管进行了深入的理论分析，但在广泛的实证检验中，本书未能完全实证检验数字经济的资源配置效应、绿色发展效应和经济效益效应对广西制造业高质量发展的具体影响。

（3）案例研究的代表性问题

由于广西上市公司数量有限，且进行数字化转型的企业更少，难以进行广泛样本的研究。因此，本书选择两家具有代表性的上市公司作为案例研究对象，这可能限制了对企业数字化转型促进高质量发展的微观证据的充分收集，同时也可能影响对数字化转型和高质量发展之间微观作用路径的明确阐释。

第三节　研究展望

本书聚焦于探究数字经济如何促进广西制造业的高质量发展，采用多维度分析方法，包括文献综述、概念界定、理论探讨、历史趋势分析、统计方法应用和实证研究。具体而言，首先通过文献分析法，系统总结数字经济对制造业高质量发展及其数字化转型影响的研究成果。其次，采用规范研究法深入阐释数字经济、数字化转型和制造业高质量发展的概念内涵，并详细探讨数字经济对制造业高质量发展的作用机制。此外，本书运用数理统计方法对数字经济和制造业高质量发展的水平进行定量评估。最后，通过中介效应模型检验数字经济对广西制造业高质量发展的影响，并分析广西数字经济与制造业高质量发展的耦合协调关系，同时考察不同区域间的差异。

本书综合考察数字经济在提升广西制造业高质量发展方面的多个方面。在选择研究方法时，本书严格遵循科学原则，采用多种验证性和探索性方法，以确保结果的准确性和可靠性。这种方法的多样性和严谨性赋予本书一定程度的系统性。然而，在研究过程中，我们也识别出几个关键问题，这些问题涉及数据的可获得性、地区特征的差异性以及技术应用的不均衡性，这些因素可能影响研究结果的普适性和深度。

（1）受限于数据获取的约束，本书所构建的广西数字经济发展指标体系和制造业高质量发展指标体系可能仅部分映射数字经济发展和制造业高质量发展的复杂现实。随着未来数据处理技术的进步和数字经济统计核算体系的日趋完善，有望研究出更细致、全面的评价指标体系。这一体系将基于更精细的数据分析，更全面、系统地刻画广西数字经济发展和制造业高质量发展的实际状况，从而提供更为精确的描述和分析。

（2）在探究数字经济对广西制造业高质量发展的促进机制时，本书进行了深入的理论分析。对于资源配置效应、绿色发展效应和经济效益效应在该机制中的具体作用，本书尚未进行充分的大样本实证检验。未来的研究可以着重于收集更广泛的实证数据和案例分析，以进一步深化和扩展实证研究的范围。这将有助于更全面地验证数字经济在促进广西制造业高质量发展方面的关键影响因素和作用效应，从而提供对数字经济实际贡献的更加客观和全面的评估。

（3）作为一种新兴的经济模式，数字经济在促进实体经济，特别是制造业的发展中，可能同时带来冲击和竞争压力，这可能表现为对传统制造业的挤出效应。此外，数字经济的快速发展还可能导致就业和收入分布的极化现象。鉴于这些潜在的负面影响，关于数字经济对制造业影响的研究需要从这些维度进行更为深入和全面的探讨。未来的研究应着重于评估数字经济如何平衡促进制造业发展与避免潜在的负面效应之间的关系。

本书为理解广西制造业在数字经济背景下的高质量发展提供了理论和实践基础。尽管如此，仍有必要针对数字经济可能带来的挤出效应、就业和收入极化问题进行进一步研究，以便于获得更全面、深入且可靠的结论。

参考文献

白俊红，刘宇英，2018. 对外直接投资能否改善中国的资源错配 [J].
中国工业经济（1）：60-78.

曹玉娟，2019. 数字化驱动下区域科技创新的框架变化与范式重构
[J]. 学术论坛，42（1）：110-116.

曾皓，2023. 求同存异以为谋：董事会断裂带与企业数字化转型 [J].
财会通讯，（15）：60-65.

曾宪聚，林楷斌，张雅慧，2019. 创始企业家身份演变、控制权配置
与控制权私利的抑制：雷士照明控制权争夺案例的再剖析 [J]. 西安交通
大学学报（社会科学版），39（4）：27-37.

陈德球，胡晴，2022. 数字经济时代下的公司治理研究：范式创新与
实践前沿 [J]. 管理世界，38（6）：213-240.

陈红，张梦云，王稳华，等，2022. 数字化转型能推动企业人力资本
结构调整吗？[J]. 统计与信息论坛，37（9）：35-47.

陈景华，陈姚，陈敏敏，2020. 中国经济高质量发展水平、区域差异
及分布动态演进 [J]. 数量经济技术经济研究，37（12）：108-126.

陈明慧，陈志勇，2022. 中国省域科技投入与数字经济关系研究 [J].
福建师范大学学报（自然科学版），38（4）：72-81.

陈楠，蔡跃洲，2021. 数字技术对中国制造业增长速度及质量的影响：基
于专利应用分类与行业异质性的实证分析 [J]. 产业经济评论（6）：46-67.

陈楠，蔡跃洲，2023. 工业大数据的属性特征、价值创造及开发模式
[J]. 北京交通大学学报（社会科学版），22（3）：25-36.

陈盼，2022. 汇率变动对家电企业高质量发展的影响研究 [D]. 杭州：
浙江工商大学.

陈晓东，杨晓霞，2021. 数字经济发展对产业结构升级的影响：基于
灰关联熵与耗散结构理论的研究 [J]. 改革，325（3）：26-39.

陈旭升，李云峰，2020. 制造业技术创新动态能力与高质量发展：基于创新引领视角 [J]. 科技进步与对策，37（6）：92-101.

陈喆，郑江淮，2022. 绿色技术创新能够促进地区经济高质量发展吗?：兼论环境政策的选择效应 [J]. 当代经济科学，44（4）：43-58.

迟明园，石雅楠，2022. 数字经济促进产业结构优化升级的影响机制及对策 [J]. 经济纵横（4）：122-128.

崔争艳，2023. 数字赋能：数字化转型下的中国先进制造业高质量发展 [M]. 北京：中国财政经济出版社.

戴翔，杨双至，2022. 数字赋能、数字投入来源与制造业绿色化转型 [J]. 中国工业经济，414（9）：83-101.

邓荣荣，张翱祥，2022. 中国城市数字经济发展对环境污染的影响及机理研究 [J]. 南方经济（2）：18-37.

丁华，高静怡，齐晓婷，等，2021. 制造业企业研发投入的财务、市场绩效回报：基于高管薪酬激励的面板门槛模型 [J]. 会计之友（7）：115-125.

丁志帆，2020. 数字经济驱动经济高质量发展的机制研究：一个理论分析框架 [J]. 现代经济探讨，457（1）：85-92.

董婉璐，李慧娟，杨军，2022. 数字经济发展对中国制造业的影响研究：基于可计算一般均衡模型的价值链分析 [J]. 价格理论与实践（9）：78-82.

杜传忠，张远，2021. 数字经济发展对企业生产率增长的影响机制研究 [J]. 证券市场导报（2）：41-51.

杜金柱，吴战勇，扈文秀，等，2023. 数字经济与制造业高质量发展：影响机制与经验证据 [J]. 统计与决策，39（7）：5-10.

樊自甫，陶友鹏，龚亚，2022. 政府补贴能促进制造企业数字化转型吗?：基于演化博弈的制造企业数字化转型行为分析 [J]. 技术经济，41（11）：128-139.

范晓男，张雪，鲍晓娜，2020. 市场竞争、技术创新与企业全要素生产率：基于A股制造业上市公司的实证分析 [J]. 价格理论与实践（7）：162-165，180.

傅为忠，刘瑶，2021. 产业数字化与制造业高质量发展耦合协调研究：基于长三角区域的实证分析 [J]. 华东经济管理，35（12）：19-29.

高敬峰，王彬，2020. 数字技术提升了中国全球价值链地位吗 [J]. 国际经贸探索，36 (11)：35-51.

高运胜，杨阳，2020. 全球价值链重构背景下我国制造业高质量发展目标与路径研究 [J]. 经济学家 (10)：65-74.

谷建全，王玲杰，刘晓萍，2020-02-22. "高级化+现代化"推动制造业高质量发展 [N]. 经济日报.

管华宇，2022. 数字经济投入、股权结构与企业成本粘性 [J]. 技术经济与管理研究 (11)：21-26.

郭吉涛，朱义欣，2022. 数字经济、区域创新效率与地区创业活力 [J]. 哈尔滨商业大学学报 (社会科学版)，182 (1)：98-111.

郭金花，朱承亮，2023. 数字基础设施建设对中国企业创新影响研究：作用机制与效应检验 [J]. 现代财经，43 (10)：39-55.

郭秋秋，马晓钰，2022. 数字经济对城市绿色全要素生产率的影响研究 [J]. 现代管理科学 (5)：156-166.

郭志芳，曹世敏，丰娇弟，2022. 供应链关系资本对企业高质量发展的影响研究 [J]. 会计之友 (6)：33-39.

何帆，刘红霞，2019. 数字经济视角下实体企业数字化变革的业绩提升效应评估 [J]. 改革 (4)：137-148.

何寿奎，简东涵，2022. 数字经济对区域高质量发展空间影响效应及耦合协调性分析 [J]. 工业技术经济，41 (10)：42-50.

何玉梅，易大智，陈颖，2022. 成渝地区双城经济圈数字经济与经济高质量发展耦合协调度研究 [J]. 科技管理研究，42 (15)：196-203.

黄经南，马灿，周俊，2023. 人工智能引领的新一轮技术革命冲击下城市空间变革趋势、对策及对我国的启示 [J]. 城市发展研究，30 (6)：16-23，80.

黄令，王亚飞，伍政兴，2023. 数字经济影响制造业高质量发展的实证检验 [J]. 统计与决策 (14)：22-27

黄漫宇，王孝行，2022. 数字经济、资源错配与企业全要素生产率 [J]. 宏观经济研究，(12)：43-53.

黄群慧，余泳泽，张松林，2019. 互联网发展与制造业生产率提升：内在机制与中国经验 [J]. 中国工业经济 (8)：5-23.

黄荣娟，韦福巍，2022. 广西旅游产业与区域经济耦合协调发展的时空演变特征研究［J］. 西北师范大学学报（自然科学版），58（6）：86-92，115.

黄顺春，张书齐，2021. 中国制造业高质量发展评价指标体系研究综述［J］. 统计与决策，37（2）：5-9.

黄毅敏，2022. 河南省制造业高质量发展创新驱动路径设计与方法研究［M］. 北京：经济管理出版社.

黄哲，吕江林，朱小能，2023. 企业数字化转型抑制了机构投资者羊群行为吗［J］. 财会月刊，44（22）：125-135.

惠宁，白思，2021. 打造数字经济新优势：互联网驱动区域创新能力提升［J］. 西北大学学报（哲学社会科学版），51（6）：18-28.

惠宁，杨昕，2022. 数字经济驱动与中国制造业高质量发展［J］. 陕西师范大学学报（哲学社会科学版），51（1）：133-147.

纪玉俊，张莉健，2017. 不同对外开放水平下服务业集聚的经济增长效应差异［J］. 产经评论，8（2）：34-45.

江红莉，侯燕，蒋鹏程，2022. 数字经济发展是促进还是抑制了企业实体投资：来自中国上市公司的经验证据［J］. 现代财经（天津财经大学学报），42（5）：78-94.

姜南，马艺闻，刘谦，2023. 知识产权政策对数字经济的影响机制研究：来自知识产权示范城市的证据［J］. 科学学与科学技术管理，44（7）：91-109.

蒋煦涵，章丽萍，2023. 数字化转型促进高端制造业绿色发展的路径研究［J］. 当代财经（7）：1-12.

焦帅涛，孙秋碧，2021. 我国数字经济发展测度及其影响因素研究［J］. 调研世界（7）：13-23.

解春艳，丰景春，张可，2017. 互联网技术进步对区域环境质量的影响及空间效应［J］. 科技进步与对策，34（12）：35-42.

金碚，2018. 关于"高质量发展"的经济学研究［J］. 中国工业经济（4）：5-18.

金殿臣，邓国琴，2022. 数字经济与共同富裕：基于城乡收入差距的视角［J］. 贵州社会科学（9）：121-128.

金飞，2023. 产业数字化多维度创新特征及发展策略［J］. 现代经济探讨（8）：78-85.

金环, 于立宏, 2023. 双创示范基地对经济高质量发展的影响研究 [J]. 科研管理, 44 (10): 35-42.

荆文君, 孙宝文, 2019. 数字经济促进经济高质量发展: 一个理论分析框架 [J]. 经济学家 (2): 66-73.

黎传熙, 2023. 数字经济赋能 "新消费新业态" 商业生态体系构建: 以场景体验式 "新零售" 企业为视角 [J]. 企业经济 (6): 109-120.

李诚浩, 任保平, 2023. 数字经济驱动我国全要素生产率提高的机理与路径 [J]. 西北大学学报 (哲学社会科学版), 53 (4): 159-167.

李春发, 李冬冬, 周驰, 2020. 数字经济驱动制造业转型升级的作用机理: 基于产业链视角的分析 [J]. 商业研究, 514 (2): 73-82.

李大元, 刘晓亮, 刘浏, 等, 2023. 元宇宙企业高质量发展的多元组态路径: 基于 TOE 框架 [J]. 外国经济与管理, 45 (7): 3-17.

李后卿, 樊津妍, 印翠群, 2019. 中国大数据战略发展状况探析 [J]. 图书馆 (12): 30-35.

李辉, 2018. 我国高质量发展中产品质量的内涵、评价及提升路径 [J]. 黑龙江社会科学 (4): 37-41.

李辉, 2020. 数字经济推动企业向高质量发展的转型 [J]. 西安财经大学学报, 33 (2): 25-29.

李慧泉, 简兆权, 2022. 数字经济发展对技术企业的资源配置效应研究 [J]. 科学学研究, 40 (8): 1390-1400.

李金昌, 史龙梅, 徐蔼婷, 2019. 高质量发展评价指标体系探讨 [J]. 统计研究, 36 (1): 4-14.

李林汉, 袁野, 田卫民, 2022. 中国省域数字经济与实体经济耦合测度: 基于灰色关联、耦合协调与空间关联网络的角度 [J]. 工业技术经济, 41 (8): 27-35.

李宁, 姚琦, 李果, 2023. 数字化供应链能力对企业高质量成长的影响: 开放式创新的视角 [J]. 企业经济 (8): 36-47.

李秋香, 吉慧敏, 黄毅敏, 2021. 制造业高质量发展的路径与方法: 价值链视角 [J]. 科技管理研究, 41 (4): 117-123.

李仁涵, 2020. 人工智能技术属性及其社会属性 [J]. 上海交通大学学报 (哲学社会科学版), 28 (4): 19-22.

李史恒, 屈小娥, 2022. 数字经济赋能制造业高质量发展: 理论机制与实证检验［J］. 经济问题探索（10）：105-117.

李维安，2014. 移动互联网时代的公司治理变革［J］. 南开管理评论，17（4）：1.

李文，2022. 数字化转型背景下商业模式创新案例与机制研究［M］. 北京：经济科学出版社.

李向阳，陈佳毅，范玲，2022. 数字经济与经济高质量发展耦合关系研究［J］. 经济问题（9）：34-40.

李晓华，2019. 数字经济新特征与数字经济新动能的形成机制［J］. 改革（11）：40-51.

李英杰，韩平，2021. 数字经济发展对我国产业结构优化升级的影响：基于省级面板数据的实证分析［J］. 商业经济研究（6）：183-188.

李莹，程广斌，2023. 制造业与数字经济产业融合水平及创新效率测度［J］. 统计与决策，39（1）：17-22.

李媛，阮连杰，2023. 数字经济赋能中国式农业农村现代化：理论逻辑与经验证据［J］. 经济问题（8）：25-32.

李治国，王杰，2021. 数字经济发展、数据要素配置与制造业生产率提升［J］. 经济学家（10）：41-50.

连港慧，徐蔼婷，汪文璞，2022.19个国家级城市群数字经济发展水平测度及空间格局研究［J］. 科技进步与对策，39（24）：29-39.

梁小甜，文宗瑜，2022. 数字经济对制造业高质量发展的影响［J］. 统计与决策，38（11）：109-113.

廖信林，杨正源，2021. 数字经济赋能长三角地区制造业转型升级的效应测度与实现路径［J］. 华东经济管理，35（6）：22-30.

林春艳，乔文，2023. 制造业高质量发展水平测度及时空演化研究［J］. 统计与决策（15）：120-124.

林宏伟，邵培基，2019. 区块链对数字经济高质量发展的影响因素研究［J］. 贵州社会科学（12）：112-121.

林树，马健，葛逸云，2023. 中国企业数字化评价研究［M］. 南京：东南大学出版社.

凌士显，姬梦佳，2023. 企业数字化与制造业绿色技术创新［J］. 商业研究（4）：10-18.

刘东阁，庞瑞芝，2023. 数字化转型能改善企业创新"低端锁定"困境吗：基于知识溢出的视角［J］. 山西财经大学学报，45（5）：84-98.

刘东慧，白福萍，董凯云，2022. 数字化转型对企业绩效的影响机理研究［J］. 财会通讯（16）：120-124.

刘国新，王静，江露薇，2020. 我国制造业高质量发展的理论机制及评价分析［J］. 管理现代化，40（3）：20-24.

刘佳，黄晓凤，陈俊，2021. 高铁与城市经济高质量发展：基于地级市数据的实证研究［J］. 当代财经（1）：14-26.

刘靖宇，余莉娜，杨轩宇，2023. 数字普惠金融、数字化转型与中小企业高质量发展［J］. 统计与决策（18）：154-158.

刘军，杨渊鋆，张三峰，2020. 中国数字经济测度与驱动因素研究［J］. 上海经济研究，381（6）：81-96.

刘琳轲，梁流涛，高攀，等，2021. 黄河流域生态保护与高质量发展的耦合关系及交互响应［J］. 自然资源学报，36（1）：176-195.

刘名武，王晓斐，王勇，2023. 奖惩机制下供应链数字化决策的演化博弈［J］. 运筹与管理，32（4）：29-34.

刘启雷，张媛，雷雨嫣，等，2022. 数字化赋能企业创新的过程、逻辑及机制研究［J］. 科学学研究，40（1）：150-159.

刘维林，王艺斌，2022. 数字经济赋能城市绿色高质量发展的效应与机制研究［J］. 南方经济（8）：73-91.

刘文俊，彭慧，2023. 区域制造企业数字化转型影响绿色全要素生产率的空间效应［J］. 经济地理，43（6）：33-44.

刘鑫鑫，惠宁，2021. 互联网、技术创新与制造业高质量发展：基于创新模式的异质效应分析［J］. 经济问题探索（9）：143-155.

刘艳霞，2022. 数字经济赋能企业高质量发展：基于企业全要素生产率的经验证据［J］. 改革，343（9）：35-53.

鲁少勤，2020. 基于"互联网＋"的制造业高质量发展测量模型研究［J］. 常州信息职业技术学院学报，19（4）：1-4.

吕朝凤，黄梅波，2018. 金融发展能够影响FDI的区位选择吗［J］. 金融研究（8）：137-154.

吕明元，程秋阳，2022. 工业互联网平台发展对制造业转型升级的影响：效应与机制［J］. 人文杂志（10）：63-74.

吕明元，苗效东，李晓华，2019. 天津市制造业发展质量评价与影响因素分析：基于2003—2017年数据 [J]. 天津商业大学学报，39 (5)：12-19.

吕铁，李载驰，2021. 数字技术赋能制造业高质量发展：基于价值创造和价值获取的视角 [J]. 学术月刊，53 (4)：56-65.

马连福，宋婧楠，王博，2023. 数字化转型信息披露的价值效应研究：来自概念炒作的证据 [J]. 经济与管理研究，44 (8)：17-37.

马明，唐乐，2022. 珠三角城市群数字经济对全要素生产率的影响及其空间溢出效应 [J]. 商业经济研究 (14)：158-161.

马兆良，许博强，2023. 数字赋能与绿色技术创新：基于中国上市公司的经验数据 [J]. 生态经济，39 (10)：81-88.

毛中根，武优劢，2019. 我国西部地区制造业分布格局、形成动因及发展路径 [J]. 数量经济技术经济研究，36 (3)：3-19.

苗春霞，2023. 数字化转型、管理层权力与企业高质量发展 [J]. 财会通讯 (11)：83-87.

潘爱玲，王雪，2023. 数字化转型如何推动文化企业高质量发展 [J]. 深圳大学学报（人文社会科学版），40 (4)：44-54.

潘艺，张金昌，2022. 数字金融、财务风险与企业高质量发展：基于我国A股和新三板制造业上市企业的经验证据 [J]. 武汉金融 (11)：3-12.

彭刚，朱莉，陈榕，2021. SNA视角下我国数字经济生产核算问题研究 [J]. 统计研究，38 (7)：19-31.

祁怀锦，曹修琴，刘艳霞，2020. 数字经济对公司治理的影响：基于信息不对称和管理者非理性行为视角 [J]. 改革，314 (4)：50-64.

钱晶晶，何筠，2021. 传统企业动态能力构建与数字化转型的机理研究 [J]. 中国软科学 (6)：135-143.

任保平，何厚聪，2022. 数字经济赋能高质量发展：理论逻辑、路径选择与政策取向 [J]. 财经科学 (4)：61-75.

任保平，李培伟，2023. 数字经济背景下中国经济高质量发展的六大路径 [J]. 经济纵横 (7)：55-67.

任保平，文丰安，2018. 新时代中国高质量发展的判断标准、决定因素与实现途径 [J]. 改革，290 (4)：5-16.

荣健欣，王大中，2021. 前沿经济理论视野下的数据要素研究进展 [J]. 南方经济 (11)：18-43.

沈国兵，袁征宇，2020. 企业互联网化对中国企业创新及出口的影响

［J］．经济研究，55（1）：33-48．

沈运红，黄桁，2020．数字经济水平对制造业产业结构优化升级的影响研究：基于浙江省2008—2017年面板数据［J］．科技管理研究，40（3）：147-154．

盛三化，董港，田惠敏，等，2023．数字经济、产业链韧性与长江经济带制造业高质量发展［J］．区域经济评论（4）：66-75．

石喜爱，李廉水，程中华，等，2018．"互联网+"对中国制造业价值链攀升的影响分析［J］．科学学研究，36（8）：1384-1394．

石喜爱，李廉水，刘军，2018．"互联网+"对制造业就业的转移效应［J］．统计与信息论坛，33（9）：66-73．

宋洋，2020．数字经济、技术创新与经济高质量发展：基于省级面板数据［J］．贵州社会科学（12）：105-112．

孙才志，宋现芳，2021．数字经济时代下的中国海洋经济全要素生产率研究［J］．地理科学进展，40（12）：1983-1998．

孙全胜，2023．数字经济赋能企业绿色技术创新的三重路径研究［J］．中州学刊（11）：26-32．

孙自愿，2021．企业创新的内外部治理：激励机制和价值效应［M］．北京：中国社会科学出版社．

谭志东，赵洵，潘俊，等，2022．数字化转型的价值：基于企业现金持有的视角［J］．财经研究，48（3）：64-78．

陶锋，赵锦瑜，周浩，2021．环境规制实现了绿色技术创新的"增量提质"吗：来自环保目标责任制的证据［J］．中国工业经济（2）：136-154．

田丹，丁宝，2023．企业高质量发展的测度及作用机制研究：基于组织韧性的视角［J］．中国软科学（9）：154-170．

田鸽，张勋，2022．数字经济、非农就业与社会分工［J］．管理世界，38（5）：72-84．

田时中，许玉久，范宇翔，2023．数据要素新动能对制造业高质量发展的影响研究［J］．统计与信息论坛，38（8）：55-66．

涂心语，严晓玲，2022．数字化转型、知识溢出与企业全要素生产率：来自制造业上市公司的经验证据［J］．产业经济研究，117（2）：43-56．

万晓榆，罗焱卿，2022．数字经济发展水平测度及其对全要素生产率

的影响效应 [J]. 改革（1）：101-118.

王芳，石鑫，2022. 中国制造业高质量发展水平的测度及影响因素研究 [J]. 中国软科学，374（2）：22-31.

王德辉，吴子昂，2020. 数字经济促进我国制造业转型升级的机制与对策研究 [J]. 长白学刊（6）：92-99.

王和勇，何泓漫，2022. 制造企业数字化转型评价及影响机制研究：以汽车制造企业为例 [J]. 工业技术经济，41（8）：3-11.

王金秋，赵敏，2021. 数字经济的政治经济学研究 [J]. 政治经济学评论，12（3）：144-163.

王金涛，岳华，2023. 数字金融有助于企业结构性去杠杆么？[J]. 财经论丛（11）：47-56.

王军，刘小凤，朱杰，2023. 数字经济能否推动区域经济高质量发展？[J]. 中国软科学（1）：206-214.

王军，朱杰，罗茜，2021. 中国数字经济发展水平及演变测度 [J]. 数量经济技术经济研究，38（7）：26-42.

王俊豪，周晟佳，2021. 中国数字产业发展的现状、特征及其溢出效应 [J]. 数量经济技术经济研究，38（3）：103-119.

王琳，方园，汪长英，2023.ESG 表现对企业高质量发展的影响研究 [J]. 会计之友（13）：74-81.

王瑞荣，陈晓华，2022. 数字经济助推制造业高质量发展的动力机制与实证检验：来自浙江的考察 [J]. 系统工程，40（1）：1-13.

王世杰，刘喻丹，2023. 论数据资产的确认及计量 [J]. 财会月刊，44（8）：85-92.

王守海，徐晓彤，刘烨炜，2022. 企业数字化转型会降低债务违约风险吗？[J]. 证券市场导报（4）：45-56.

王文娜，刘戒骄，张祝恺，2020. 研发互联网化、融资约束与制造业企业技术创新 [J]. 经济管理，42（9）：127-143.

王晓青，2023. 中国数字经济研究进展：基于 CiteSpace 的文献计量分析 [J]. 统计与决策（15）：35-40.

王旭烨，刘冰冰，刘戒骄，2023. 我国数字经济规范发展研究 [J]. 区域经济评论（3）：69-79.

王永龙，余娜，姚鸟儿，2020. 数字经济赋能制造业质量变革机理与效应：基于二元边际的理论与实证 [J]. 中国流通经济，34 (12)：60-71.

王裕瑾，李梦玉，2023. 中国数字经济与高质量发展的耦合协调研究 [J]. 经济与管理评论，39 (1)：104-118.

韦庄禹，2022. 数字经济发展对制造业企业资源配置效率的影响研究 [J]. 数量经济技术经济研究，39 (3)：66-85.

魏丽莉，侯宇琦，2021. 专业化、多样化产业集聚对区域绿色发展的影响效应研究 [J]. 管理评论，33 (10)：22-33.

魏奇锋，徐霞，杨彩琳，等，2021. 成渝地区双城经济圈科技创新与经济高质量发展耦合协调度研究 [J]. 科技进步与对策，38 (14)：54-61.

温忠麟，张雷，侯杰泰，2004. 中介效应检验程序及其应用 [J]. 心理学报 (5)：614-620.

文洋，王子旗，2023. 台湾地区数字贸易发展研究 [J]. 台湾研究 (2)：55-66.

吴宝，2022. 数字经济赋能民营经济高质量发展理论、路径与案例 [M]. 北京：中国社会科学出版社.

吴德进，陈捷，2020. 福建省先进制造业高质量发展研究 [M]. 北京：经济科学出版社.

吴南，马昱，胡涵清，等，2022. 科技创新、空间溢出与制造业高质量发展的考量：以 2012—2020 年 30 省市的样本数据分析为例 [J]. 中国高校科技 (11)：73-79.

吴韬，钟启超，2023. 共同富裕目标下推进中国西南地区数字经济发展研究 [J]. 云南社会科学 (2)：91-98.

吴晓波，李思涵，徐宁，等，2020. 数字经济背景下浙江省创新型经济发展评价及赋能对策研究：基于 2014—2017 年六省市的对比分析 [J]. 科技管理研究，40 (13)：157-164.

吴赢，张翼，2021. 数字经济与区域创新：基于融资和知识产权保护的角度 [J]. 南方经济 (9)：36-51.

伍先福，唐峰陵，2020. 产业协同集聚对广西经济增长的影响研究 [J]. 数学的实践与认识，50 (5)：312-322.

武云亮，钱嘉兢，张廷海，2021. 环境规制、绿色技术创新与长三角经济高质量发展 [J]. 华东经济管理，35 (12)：30-42.

向玲凛，2023. 西部制造业发展动态及其高质量发展水平评价 [J].

统计与决策，39（2）：120-124.

肖静华，2017. 从工业化体系向互联网体系的跨体系转型升级模式创新［J］. 产业经济评论，5（2）：55-66.

肖土盛，吴雨珊，亓文韬，2022. 数字化的翅膀能否助力企业高质量发展：来自企业创新的经验证据［J］. 经济管理，44（5）：41-62.

邢皓，2021. 数字经济赋能安徽制造业高质量发展的实现路径研究［D］. 蚌埠：安徽财经大学.

徐华亮，2023. 数字经济赋能制造业高质量发展研究［M］. 北京：中国社会科学出版社.

徐雪娇，马力，2023. 数字经济何以助力高质量创业？［J］. 经济问题（8）：33-41，91.

徐晔，陶长琪，2019. 创新引领与企业高质量发展［M］. 北京：经济管理出版社.

许丹婷，朱梅坤，楼君嬰，2023-07-19. 广西数字经济规模去年超9300亿元［N］. 广西日报（4）.

许宪春，张美慧，2020. 中国数字经济规模测算研究：基于国际比较的视角［J］. 中国工业经济（5）：23-41.

严北战，周懿，2020. "互联网+"对制造业升级的影响：基于供给侧、需求侧双向驱动的分析［J］. 科技管理研究，40（22）：124-130.

严宇珺，2023. 数字经济驱动高质量发展的内在逻辑、作用机制及实现路径［J］. 技术经济与管理研究（7）：1-5.

严子淳，李欣，王伟楠，2021. 数字化转型研究：演化和未来展望［J］. 科研管理，42（4）：21-34.

杨慧梅，江璐，2021. 数字经济、空间效应与全要素生产率［J］. 统计研究，38（4）：3-15.

杨蕙馨，2023. 创新驱动与中国制造业价值链攀升研究［M］. 北京：经济科学出版社.

杨隽萍，徐娜，2023. 动态能力与高管社会资本组态效应对企业数字化转型的影响：以创业板上市公司为例［J］. 技术经济，42（4）：97-109.

杨书燕，宋铁波，吴小节，2023. 企业数字化转型的制度动因及过程［J］. 科研管理，44（9）：39-46.

杨文溥，2022. 数字经济促进高质量发展：生产效率提升与消费扩容 [J]. 上海财经大学学报，24（1）：48-60.

杨小微，陈冬林，2023. 效益优先：基础教育领域中的效率变革与高质量发展 [J]. 教育科学研究（11）：14-22.

杨秀云，从振楠，2023. 数字经济与实体经济融合赋能产业高质量发展：理论逻辑、现实困境与实践进路 [J]. 中州学刊（5）：42-49.

杨烨军，石华安，余华银，2023. 企业数字化转型对人工成本影响效应研究：来自中国沪深 A 股上市企业的经验证据 [J]. 工业技术经济，42（8）：70-79.

杨毅，于倩，2023. 数字经济能否成为中国制造业高质量发展的新动能？：基于技术创新与管理效率效应视角 [J]. 哈尔滨商业大学学报（社会科学版）（2）：3-18.

尹艳红，2023. 数字治理助力养老服务的困境与策略 [J]. 行政管理改革（6）：44-54.

于世海，许慧欣，孔令乾，2022. 数字经济水平对中国制造业资源配置效率的影响研究 [J]. 财贸研究，33（12）：19-34.

余东华，2020. 制造业高质量发展的内涵、路径与动力机制 [J]. 产业经济评论（1）：13-32.

余东华，孙婷，张鑫宇，2018. 要素价格扭曲如何影响制造业国际竞争力 [J]. 中国工业经济（2）：63-81.

袁淳，肖土盛，耿春晓，等，2021. 数字化转型与企业分工：专业化还是纵向一体化 [J]. 中国工业经济（9）：137-155.

张彬斌，李雪松，2017. 增长阻力和结构性改革：国际困境及启示 [J]. 求实（5）：44-54.

张红伟，熊操，陈小辉，等，2022. 财政科技投入对数字经济发展的影响 [J]. 财经科学（5）：135-148.

张洪昌，丁睿，2023. 我国制造业产业链供应链韧性的理论内涵与提升路径：基于中国式现代化的背景 [J/OL]. 企业经济（7）：102-108.

张嘉伟，王铷州，蒋影，2023. 数字经济与大股东掏空行为：技术治理的新视角 [J]. 经济管理，45（4）：64-81.

张杰，付奎，刘炳荣，2022. 数字经济如何赋能城市低碳转型：基于双重目标约束视角 [J]. 现代财经（天津财经大学学报），42（8）：3-23.

张明新，刘伟，2014. 互联网的政治性使用与我国公众的政治信任：一项经验性研究 [J]. 公共管理学报，11（1）：90-103，141-142.

张明志，姚鹏，2020. 产业政策与制造业高质量发展 [J]. 科学学研究，38（8）：1381-1389.

张培，张苗苗，2020. 制造企业数字化转型类型与触发机制 [J]. 管理现代化，40（6）：19-24.

张晓，2021. 数字化转型与数字治理 [M]. 北京：电子工业出版社.

张勋，万广华，吴海涛，2021. 缩小数字鸿沟：中国特色数字金融发展 [J]. 中国社会科学（8）：35-51，204-205.

张艳萍，凌丹，刘慧岭，2022. 数字经济是否促进中国制造业全球价值链升级？[J]. 科学学研究（1）：57-68.

张焰朝，刘家博，2023. 企业数字化转型会影响资本结构决策吗?：来自资本结构调整速度的证据 [J]. 金融发展研究（7）：13-22.

张于喆，2018. 数字经济驱动产业结构向中高端迈进的发展思路与主要任务 [J]. 经济纵横，394（9）：85-91.

张震，覃成林，2021. 新时期京津冀城市群经济高质量发展分析 [J]. 城市问题（9）：38-48.

张志强，曹坤鹏，刘璇，2022. 质量动态能力与制造业企业转型升级效率：基于转型升级方式组合视角 [J]. 软科学，36（6）：71-77.

赵宸宇，王文春，李雪松，2021. 数字化转型如何影响企业全要素生产率 [J]. 财贸经济，42（7）：114-129.

赵放，刘一腾，2022. 我国数字经济发展及其与制造业融合发展的空间差异研究 [J]. 贵州社会科学（2）：144-152.

赵建吉，刘岩，朱亚坤，等，2020. 黄河流域新型城镇化与生态环境耦合的时空格局及影响因素 [J]. 资源科学，42（1）：159-171.

赵卿，曾海舰，2020. 产业政策推动制造业高质量发展了吗？[J]. 经济体制改革，223（4）：180-186.

赵涛，张智，梁上坤，2020. 数字经济、创业活跃度与高质量发展：来自中国城市的经验证据 [J]. 管理世界，36（10）：65-76.

赵燕，2022. 数字化转型、战略资源匹配与企业高质量发展 [J]. 财会月刊（20）：62-69.

郑瑛琨，2020. 经济高质量发展视角下先进制造业数字化赋能研究

[J]. 理论探讨 (6): 134-137.

周广肃, 樊纲, 2018. 互联网使用与家庭创业选择: 来自 CFPS 数据的验证 [J]. 经济评论 (5): 134-147.

周清香, 何爱平, 2020. 数字经济赋能黄河流域高质量发展 [J]. 经济问题 (11): 8-17.

周泽红, 郭劲廷, 2022. 数字经济发展促进共同富裕的理路探析 [J]. 上海经济研究 (6): 5-16.

邹圆, 唐路元, 2021. 中国工业高质量发展水平的统计测度 [J]. 统计与决策, 37 (18): 95-98.

ACEMOGLU D, RESTREPO P, 2020. Robots and jobs: Evidence from US labor markets [J]. Journal of Political Economy, 128 (6): 2188-2244.

ACEMOGLU D, RESTREPO R, 2018. The race between man and machine: Implications of technology for growth, factor shares, and employment [J]. American Economic Review (6): 1488-1542.

AKOMOLAFE D T, et al., 2010. The internet as a catalyst for decision making in manufacturing industry (a review article) [J]. Research Journal of Information Technology, 2 (2): 30-34.

BAJARI P, NEKIPELOV D, RYAN S P, et al., 2015. Machine learning methods for demand estimation [J]. American Economic Review, 105 (5): 481-485.

BARON R M, KENNY D A, 1986. The moderator-mediator variable distinction in social psychological research: conceptual, strategic, and statistical considerations [J]. Journal of Personality and Social Psychology, 51 (6): 1173-1182.

BAYO-MORIONES A, BILLON M, LERA-LOPEZ F, 2013. Perceived performance effects of ICT in manufacturing SMEs [J]. Industrial Management & Data Systems, 113 (1-2): 117-135.

BRYNJOLFSSON E, HITT L M, 2000. Beyond computation: Information technology, organizational transformation and business performance [J]. Journal of Economic Perspectives, 14 (4): 23-48.

CANTWELL J, TOLENTINO P E E, 1990. Technological accumulation and third world multinationals [M]. Reading, UK: University of Reading,

Department of Economics.

CHOI K H, SHIN S, 2015. Population aging, economic growth, and the social transmission of human capital: An analysis with an overlapping generations model [J]. Economic Modelling, 50: 138-147.

COASE R H, 1960. The problem of social cost [J]. Journal of Law and E-conomics (3): 1-44.

DOSI G, 1982. Technological paradigms and technological trajectories: A suggested interpretation of the determinants and directions of technical change [J]. Research Policy, 11 (3): 147-162.

EISENHARDT K M, GRAEBNER M E, 2007. Theory building from ca-ses: Opportunities and challenges [J]. Academy of Management Journal, 50 (1), 25-32.

FERRARIS A, MAZZKLENI A, DEVALLE A, et al., 2019. Big data an-alytics capabilities and knowledge management: Impact on firm performance [J]. Management Decision, 57 (8): 1923-1936.

FRANK L, 2018. Computers and populism: Artificial intelligence, jobs, and politics in the near term [J]. Oxford Reviews of Economics Policy, 34 (3): 393-417.

GEREFFI G, 1999. International trade and industrial upgrading in the apparel commodity chain [J]. Journal of International Economics, 48 (1): 37-70.

GIUDICE M, 2016. Discovering the internet of things (IoT) within the business process management [J]. Business Process Management Journal, 22 (2): 263-270.

HAMBRICK D C, MASON P A, 1984. Upper echelons: The organization as a reflection of its top managers [J]. The Academy of Management Review, 9 (2): 193-206.

HUMPHREY J, SCHMITZ H, 2002. How does insertion in global value chains affect upgrading in industrial cluster [J]. Regional Studies: 123-152.

KANDEL E, PEARSON N D, 1995. Differential interpretation of public signals and trade in speculative markets [J]. Journal of Political Economy, 103, 831-872.

KIEL D, AMOLD C, VOIGT K, 2017. The influence of the industrial internet of things on business models of established manufacturing companies – a business level perspective [J]. Technovation, 68, 4-19.

KILICASLAN Y, TONGUR U, 2019. ICT and employment generation: Evidence from Turkish manufacturing [J]. Applied Economics Letters, 26 (13): 1053-1057.

KUHN T S, 1962. The structure of scientific revolutions [M]. Chicago: University of Chicago Press: 10.

LELAND H E, PYLE D H, 1977. Informational asymmetries, financial structure, and financial intermediation [J]. The journal of Finance, 32 (2): 371-87.

MA D, ZHU Q, 2022. Innovation in emerging economies: Research on the digital economy driving high-quality green development [J]. Journal of Business Research, 145 (June): 801-813.

MACGREGOR D, 1960. The human side of enterprise [M]. New York: McGraw-Hill.

MACKINNON D P, LOCKWOODC M, HOFMAN J M, 2002. A comparison of methods to test mediation and other intervening variable effects [J]. Psychological Methods, 7 (1): 83-104.

MIKALEF P, PATELI, 2017. Information technology-enabled dynamic capabilities and their indirect effect on competitive performance: Findings from PLS-SEM and fs QCA [J]. Journal of Business Research (70): 1-16.

MUN S B, CHUN H, CHO, 2015. The effects of internet use on productivity and growth at the firm level [J]. International Telecommunications Policy Review, 21 (3): 53-77.

NIGAM A, HUISING R, GOLDEN B, 2016. Explaining the selection of routines for change during organizational search [J]. Administrative Science Quarterly, 61 (4): 551-583.

PAIOLA M, GEBAUER K, 2020. Internet of things technologies, digital servitization and business model innovation in B to B manufacturing firms [J]. Industrial Marketing Management, 89: 245-264.

PEREZ C, 1983. Structural change and assimilation of new technologies in the economic and social systems [J]. Futures, 15 (5): 357-375.

PEREZ C, 2002. Technological revolutions and financial capital: The dynamics of bubbles and golden ages [M]. Chetenham: Edward Elgar Publishing.

PORTER M, 1998. Competitive adventage of nations [M]. New York: Free Press.

QUIRUN J J, 1995. Mary Parker Follett - prophet of management: A celebration of writings from the 1920s [J]. Long Range Planning, 29 (2): 137.

RUGGIERI R, SAVASTANO M, SCALINGI A, et al., 2018. The impact of digital platforms on business models: An empirical investigation on innovative start-ups [J]. Management & Marketing: Challenges for the Knowledge Society, 13 (4): 1210-1225.

RYMASZEWSKA A, et al., 2017. IoT powered servitization of manufacturing-an exploratory case study [J]. International Journal of Production Economics, 192 (1): 92-105.

SAUNDERS A, BRYNJOLFSSON E, 2009. Wired for novation: How information technoloay is reshaping the economy [M]. Cambridae: MIT Press.

SCHUMPETER J, 1934. The theory of economic development [M]. Cambridge, MA: Harvard University Press: 8-15.

SEBASTIAN I M, MOLONEY K G, ROSS J W, et al., 2017. How big old companies navigate digital transformation [J]. MIS Quarterly Executive, 16 (3): 197-213.

SHAN S Q, et al., 2020. Intelligent manufacturing in industry 4.0: A case study of Sany Heavy Industry [J]. Systems Research and Behavioral Science, 37 (4): 679-690.

SHANE S, CABLE D, 2002. Network ties, reputation, and the financing of new ventures [J]. Management Science, 48 (3): 364-381.

SHARMA R, MITHAS S, KANKANHALLI A, 2014. Transforming decision-making processes: A research agenda for understanding the impact of business analytics on organisations [J]. European Journal of information systems, 23 (4): 433-441.

SZELES M R, SIMIONESCU M, 2020. Regional patterns and drivers of the EU digital economy [J]. Social Indicators Research, 150 (1): 95-119.

TAPSCOTT D, 1996. The digital economy: Promise and peril in the age of networked intelligence [M]. New York: McGraw-Hill.

VIOLLAZ M, 2019. Information and communication technology adoption in micro and small firms: Can internet access improve labour productivity? [J]. Development Policy Review, 37 (5): 692-715.

WAMBA S F, AKTER S, EDWARDS A, et al., 2015. How "big data" can make big impact: Findings from a systematic review and a longitudinal case study [J]. International Journal of Production Economics, 165 (1): 234-246.

WAND D, NICOLAU J L, 2017. Price determinants of sharing economy based accommodation rental: A study of listings from 33 cities on Airbnb. com [J]. International Journal of Hospitality Management, 62: 120-131.

WEI Z, SUN L, 2021. How to leverage manufacturing digitalization for green process innovation: An information processing perspective [J]. Industrial Management & Data Systems. DOI: 10.1108/IMDS-08-2020-0459.

YIN R K, 2014. Case study research: Design and methods [M]. London: Sage Publications.

后　记

在 21 世纪信息化时代的背景下，数字经济已经成为推动全球经济增长的关键因素。它的创新性和包容性正深刻地重塑我们的生活和工作方式，加速社会经济的发展。面对这一趋势，探索如何有效地利用数字经济来促进制造业的高质量发展成为一个紧迫且重要的议题。鉴于此，我们的研究团队自 2017 年起便开始专注于研究数字经济与制造业高质量发展之间的相互作用。2022 年，我们的研究项目获得了广西哲学社会科学规划课题的资助，从而开展了题为《数字经济赋能制造业高质量发展研究——以广西为例》的深入学术研究和政策分析。

自本项目启动以来，我们围绕其核心主题已经开展了一系列深入的研究工作，并成功发表了三篇阶段性的学术论文。在整个项目的研究和成果整理过程中，项目组成员刘志雄、滕腾、张荣艳、黄香华、谢雨洁、吴梦婷、李丹以及农祖清等展现了卓越的团队合作精神。他们不仅积极参与项目研究策划和内容完善的座谈讨论，还投入到社会调研、实地考察、资料搜集以及部分章节的撰写等关键性研究活动中。此外，广西大学的曾富全教授、桂林理工大学的于世海教授、桂林电子科技大学的王伟教授、南宁师范大学的纪明教授、玉林师范学院的许进杰教授，以及广西财经学院的张建中教授、舒银燕教授、庞娟教授和熊方军副教授等多位校内外专家学者，对本项目的研究方法和内容提出了许多建设性的意见。对此，我对项目组成员和所有参与项目的专家学者的热情支持与辛勤付出表示深深的敬意和诚挚的感谢。特别是广西民族大学研究生院院长曾鹏教授和桂林电子科技大学软科学研究院副院长兼创新与持续竞争力研究所所长蔡翔教授，他们不仅为本书提供了宝贵的修改建议，还亲自撰写了序言。在本书即将出版之际，我向这两位专家表示最深切的感谢。

本书在经历了多轮精心的修订后，最终于 2024 年完成并成功出版。当前，针对地级市层面在数字经济赋能制造业高质量发展方面的研究成果相对稀缺，且该领域仍处于初步的探索阶段。我们的研究团队在项目中努力实现多学科的交叉分析，深入进行理论与实践的探讨，并尝试构建一个关于数字经济赋能制造业高质量发展的理论框架。尽管如此，本书仍存在诸多不足之处。因此，我们诚挚地希望广大读者、科研人员以及政商界人士能够提出宝贵的意见和建议。我们期待通过共同的努力，能够推动中国制造业的高质量发展，为新时代中国生态文明建设的全面布局做出贡献，并坚定实践"创新、协调、绿色、开放、共享"的新发展理念，推动数字经济与制造业高质量发展的理论研究和政策实施。本书旨在为从事数字经济与企业数字化转型研究的理论工作者及政府管理部门提供有价值的参考资料、研究方向和决策支持。

蓝文永

2023 年 12 月